つり人社書籍編集部　編

釣りはハリが9割

つり人社

はじめに　角度を変えれば本質が見える

釣りは究極のところ「どうすれば（もっと）釣れるか」の繰り返しです。トライ&エラーの楽しい無限ループの中でさまざまな失敗や成功体験、発見があり、明日の技術向上と釣果につながっていきます。ところが、ふと気付くとこのサイクルが上手く回らなくなっている。多少は経験があり一人で釣りに行く、釣果もそこそこという方に見られるケースで、ありがちなのはいつも同じ場所（得意フィールド）で同じような釣りをしているタイプ。やがて伸び悩みやマンネリを感じて釣りがつまらなくなってしまいます。こういう発展性のないパターンに陥る方は意外に多いのではないでしょうか。

本書はそんな悩める方にこそ手にとっていただきたいマルチビタミン的な書です。ちょっと刺激的なこの書名。藁《わら》にもすがる気持ちで手に取られたあなたは今、まさにスランプど真ん中なのかもしれません。大丈夫です、本書のどこかに悩みを解決するヒントがきっと見つかるはずです。

半信半疑という方は、かなりの経験者とお見受けします。釣りは複雑に絡み合う諸要素を読み解き、釣果という正解を導き出す遊びです。それをよく知るあなたが断定的な書名に疑問を持たれるのはもっともです。にもかかわらず手にとってくださったということは、やはり何か悩みがあるか、あるいは釣りの情報・知識にとことんどん欲な方か。あなたがどちらであっても、新しい考えるヒントをご提供できると思います。

『釣りはハリが9割』という本書のタイトル、どこかで聞いたような気もしますが編者は至って真面目です。「釣りはそんなに単純じゃない」と反発をもたれるかもしれません。とはいえ魚と釣り人の接点はハリ先にしか存在しないという事実に立てば、これはある意味真実です。では、少し言い方を変えて「今日の釣りの決定打はハリだった」ならいかがでしょう。これだけではその日何釣りをしていたかも不明ですが、想像力のたくましい人なら自分の経験を重ね合わせ、この釣り人は一日中さまざまなことを試し、魚と対話を尽くした結果のひと言がこれだったのだろうと考え、今度は納得される方も多いのではないでしょうか。

ということは、これは表現、角度の問題です。その時々で成否を分けたであろう「9割」的な最大要素は、確かに存在するといえます。

『釣りはハリが9割』

一見極端にも思えるこの言い切りを日々の釣りへの大胆な問題提起としてとらえ、このような視点から釣りを構成する一つ一つの要素を見つめ直してみませんか。その結果、今まで見過ごしていた何かを意識するようになったり、異なるジャンルへの応用を思いついたり、同じ物事でも違う側面から考察できるようになればしめたもの。それらは自分の釣りのニュー・ベイシックとなり、「どうすれば（もっと）釣れる?」の問いに、明快な答えを出してくれる源となることでしょう。

目次

構成　伊藤　巧
装丁　神谷利男デザイン
本文イラスト　廣田雅之

第1章

釣りの9割はハリで決まる

「一日の明暗を分けるのはハリ」

ハリ選びから釣りは始まっている。正しく選んで正しく使う

サオやリールを含めて釣りに用いるタックルの中で最も重要なパーツは、ずばりハリ（フック）です。理由は明快、ハリこそが唯一魚に触れる部分だからです。フッキングした瞬間からランディングまで、ハリだけが魚との接点になるということは、ハリというパーツがなければ釣りは成立しません。だからこそ、ハリ選びは熟考すべきです。それを裏付けるかのように、ハリの種類や形状はバリエーションに富み、釣具店には対象魚ごとに細分化したハリが所狭しと並んでいます。

そんな数ある中からあなたは正しくハリを選べているでしょうか。現場で仕掛けを作るとき、目の前の状況よりも過去の思い出を頼りにハリケースからいつも同じハリを選んでいませんか？

釣り雑誌やウェブの情報を鵜呑《うの》みにして釣具店で漫然とハリを買い求めていませんか？好釣果を得るにはハリ選びが大切だとなんとなく頭で分かってはいても、実は多くの釣り人が意外におざなりにしてしまいがちなのがハリ選び。そこから一歩踏み込むことが釣りの

ステップアップにつながります。ハリそれ自体は消耗品です。しかし、サオやリールなど値の張る釣り具を選ぶのと同じ目で、真剣にハリと向き合ってみましょう。

ハリ選びは貴重な釣行の明暗を分けます。「ハリで釣りの9割が決まる」。本項では一つそう思って読み進めてみてください。

すべてのハリには開発者の意図が込められています。その意図を汲み取って、魚の生態や就餌、釣法、エサの使い方にハリをマッチさせることができれば、釣果がアップするだけでなく、釣りそのものが快適になるので釣趣が大幅に向上します。以下、それぞれ一例を挙げてみましょう。

▼生態／アメリカのフライフィッシングでは50㎝以上のニジマスを釣るのに、時には＃24という極小サイズの毛バリ（日本のハリでいえばタナゴバリ並み）を使うこともあります。理由は、そのときニジマスが流下しているユスリカの捕食に夢中になっているからです。

▼就餌／ジギングの人気ターゲットであるシーバスとタチウオは、捕食スタイルが大きく異なります。発達したエラブタと大きな口でフォール中のジグを一気に吸い込むシーバスは、口掛かりを重視してシングルフック。魚の後方や横から鋭い歯で噛みついて動けないようにして就餌するタチウオは、口の周りに掛かるようトレブルフックを使います。

▼釣法／同じ形状のハリを使うと仮定して浜と磯でウキフカセ釣りをする場合、遠浅の浜では仕掛けの遠投が求められるのでエサがズレにくいケン付きがよく、浅場をスローに沈下し

てエサの存在を長くアピールできる軽量のハリがマッチしています。一方、足元から深い磯は手前を釣るのでケンはさほど必要ではなく、タナまで早く沈む重いハリが有効です。

たとえばクロダイ（チヌ）を釣るのだからチヌバリなら何でもいい、というほど釣りは単純ではありません。同じチヌバリでありながら、ハリが違えば想定しているシチュエーションも異なるのです。その意図を汲み取り、用途や状況にハリを合わせることが極めて重要です。ハリについてこのように考えていくことで、釣りのクオリティーが上がります。ほんのわずかな意識の変化が、より大きな結果をもたらしてくれることでしょう。

混同しやすい曲げとフトコロ。各部の名前をおさらい

まずはハリの部位を復習しておきましょう。エサ釣りに用いる一般的なハリには根本にハリス抜けを防ぐ平打ちが施してあります。この部分を「タタキ（耳）」と呼びます。タタキの代わりに端が輪になっている環付きバリを使っている人もいますが、主流はタタキのハリです。なぜタタキのハリが選ばれるのか。これにはちゃんと理由があります。

ハリスを結ぶ部分が「チモト」です。チモトの下からハリが曲がり始めるまでの直線部分を「軸」、軸からの曲がりを「腰曲がり」、腰曲がりからハリ先に向かう部分を「先曲がり」、腰曲がりと先曲がりを合わせて「曲げ」とも呼びます。ハリ先手前の突起がバラシ止めの「カエシ」です。また、付けエサがズレないように軸に施した小さな突起を「ケン」と呼びます。

エサバリ（タタキ仕様）

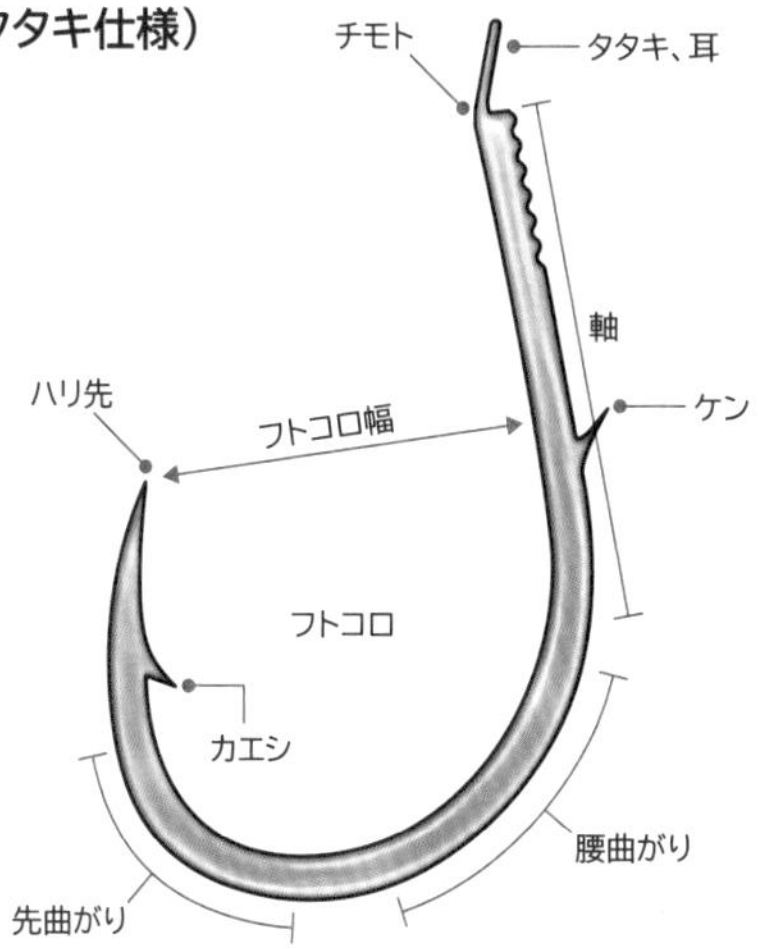

フライフック

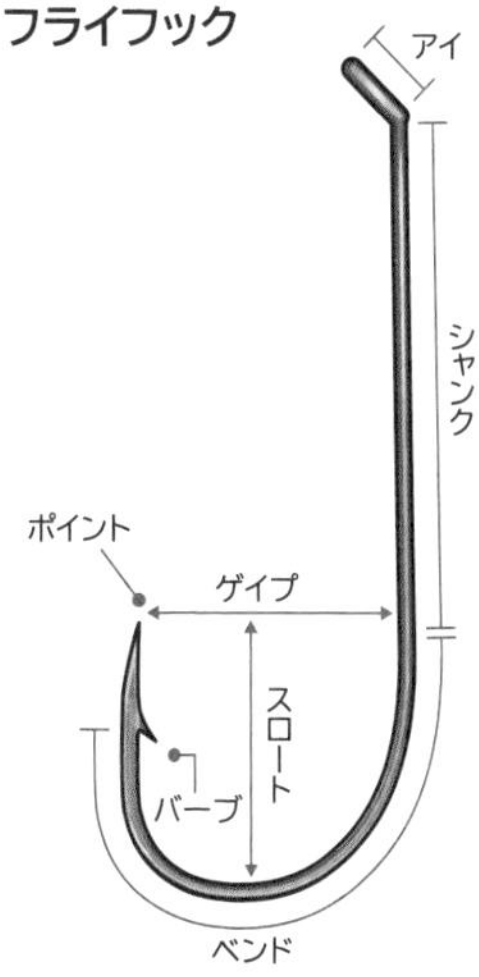

ワームフック（オフセットタイプ）

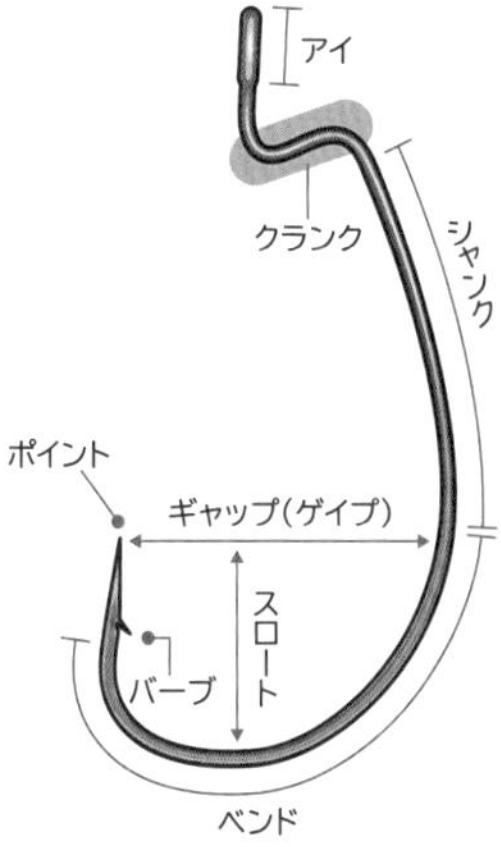

曲げと混同しやすいのが「フトコロ」。ハリ先と軸を結んだラインから下全体がフトコロです。ハリ先と軸の間隔がフトコロ幅、ハリ先と軸を結んだ線から曲げの最深部までの長さがフトコロの深さになります。

ルアーフックやフライフックの場合、ラインを結んだりスプリットリングをセットする環を「アイ」、軸を「シャンク」、曲げを「ベンド」、フトコロ幅を「ゲイプ（ギャップ）」、フトコロの深さを「スロート」、ハリ先を「ポイント」、カエシを「バーブ」と呼びます。ワームフックで人気のオフセットフックは、ワームをセットするためアイの下でシャンクが大きく2回曲がっており、ここを「クランク」といいます。

すべてのハリは基本5種からの改良&アレンジ

続いてハリの形状です。周囲を海に囲まれて数多の河川や湖沼を有する日本は古くから釣りが盛んなだけに、地域ごとに特徴ある釣法が編み出され、現在も膨大な種類の釣りバリが作られています。しかし、そのベースは「袖型」「流線型」「キツネ型」「伊勢尼型」「丸セイゴ型」の5種といっていいでしょう（厳密には「流線型」「丸セイゴ型」は他3種のバリエーション）。ほとんどのハリはこれらを改良・アレンジしたものです。また、ルアーフィッシングでは、シングルフックのほかにプラグにセットするダブルフックやトレブルフックなどが使われています。

【流線型】

袖型がベースながら軸から腰曲がりにかけて緩やかなカーブを描き、先曲がりで鋭く立ち上がる。一度飲み込んだら外れにくいのが特徴。置きザオでねらうカレイなどの投げ釣りに相性がよい（写真はケン付きタイプ）

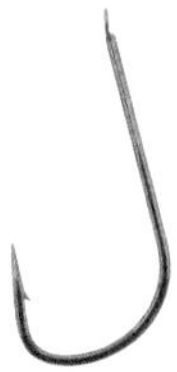

【袖型】

イソメ類やミミズ等の虫エサを刺しやすい、軸が長くて細いハリ。軸は直線。曲がりは角張りフトコロの底が広くなっている。小さくてもキープ力を発揮するのでキスやハゼなどの小もの釣りに多用される

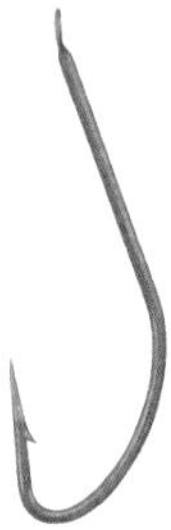

【キツネ型】

袖型同様に軸が長く、腰曲がりの曲線は緩やかながら先曲がりで鋭角に立ち上がるハリ。吸い込みやすいフォルムが特徴で、カワハギなどのエサ取りが得意な魚に有効（カワハギには独特の形状をした「ハゲバリ」タイプも有名）

【丸セイゴ型】

伊勢尼とキツネを掛け合わせたハリ。吸い込みやすく、ハリの先端からフトコロ最深部まで高さがあるので刺さり込みが深く外れにくい。名前のとおりセイゴ釣りに適している

【伊勢尼型】

最もスタンダードな形状で汎用性に優れるハリ。魚がエサをくわえたときにハリ先が深く刺さりやすく、大きな口でエサを飲み込む魚に有効。タイラバやジギングなどのルアーにも使われる

「ハリの個性を理解して使いこなす」

確実にマスターしたいタタキのハリ結び

タタキ仕様のエサバリは結びに慣れが必要ですが、釣りと長く付き合いたいなら必ずマスターしましょう。同じ形状の環付きバリに比べてコンパクトなのでハリそのものも軽くでき、より自然なアプローチが可能です。魚が吸い込みやすいのも大きなメリット。結び目がぐらつきやすい環付きバリに対してハリスをがっちりと固定できます。シビアな状況ならば釣果にも差が出るかもしれません。そして、一番大きいのはハリス付きハリだけに頼らず、ハリスとの組み合わせの選択肢が格段に広がることです。

代表的な結び方は「外掛け結び」と「内掛け結び」。締め込みが甘いとスッポ抜けてしまうので完璧に出来るまで繰り返し練習しましょう。これらの結びの絶対条件は、仕上がりが美しいこと。ハリスが重なっていたり巻きムラがあると、合わせた瞬間に抜けたり負荷が集中して切れやすくなります。見た目が均一で美しい仕上がりほど合わせたときの衝撃がチモト全体に分散するので切れにくくなります。他にも漁師結びなどタタキバリの結び方は何パターンもありますが、この2つの実践者が多いことから、簡単かつ信頼度の高い結びといえます。

外掛け結び

①

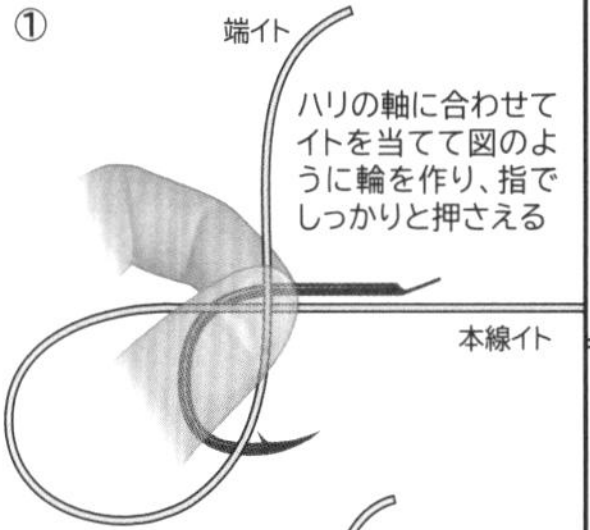

ハリの軸に合わせてイトを当てて図のように輪を作り、指でしっかりと押さえる

②

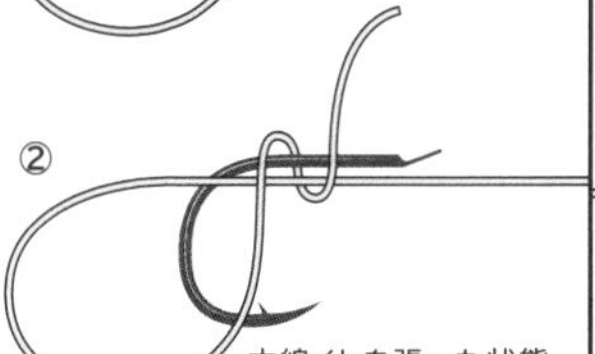

本線イトを張った状態のままで、端イトをハリ軸と本線イトに巻き付けていく

③

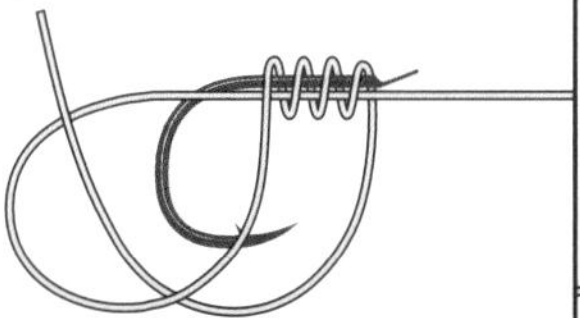

4～6回巻き付けたら端イトを折り返し、①の輪に通す

④

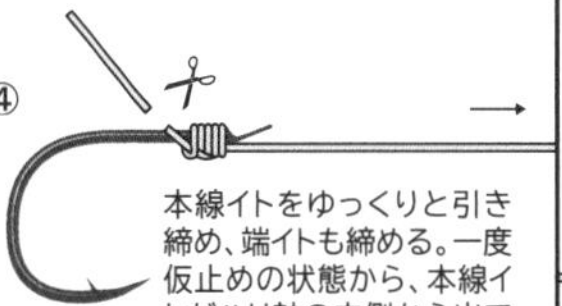

本線イトをゆっくりと引き締め、端イトも締める。一度仮止めの状態から、本線イトがハリ軸の内側から出ているか確認、調整し、最後にしっかりと締める。端イトの余りを切れば完成

内掛け結び

① ハリの軸に合わせてイトを当てて図のように輪を作り、チモトに近い部分を指でしっかりと押さえる

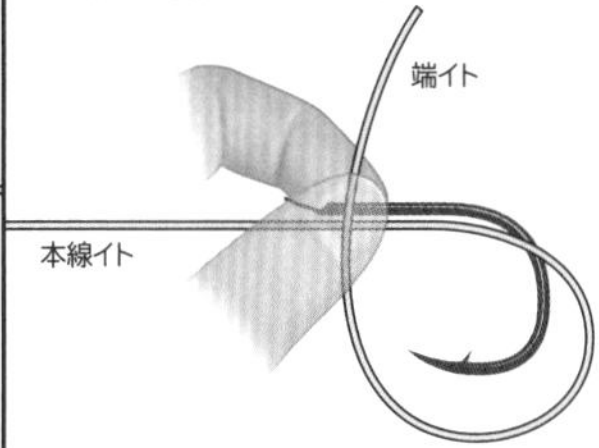

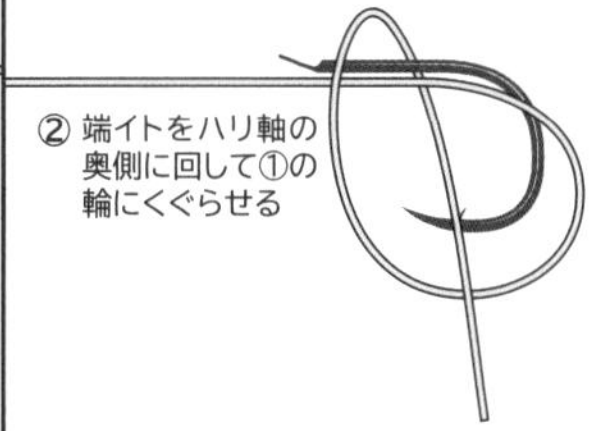

② 端イトをハリ軸の奥側に回して①の輪にくぐらせる

③ 同様に4～6回巻き、本線イトをゆっくりと引き締めて仮止め。本線イトがハリ軸の内側にあることを確認、調整する

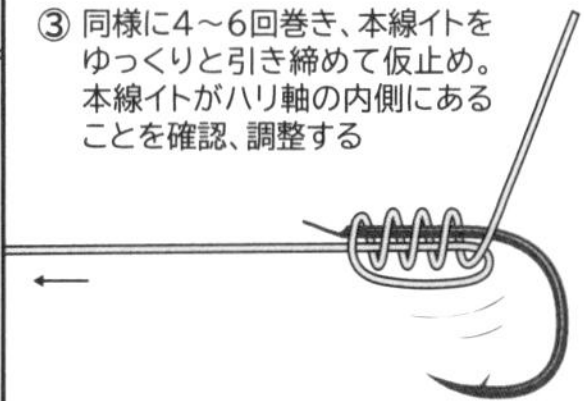

④ 今度はしっかりと両側のイトを引いて締め込み、端イトの余りを切れば完成

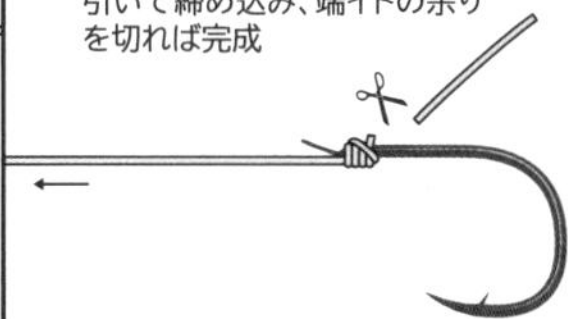

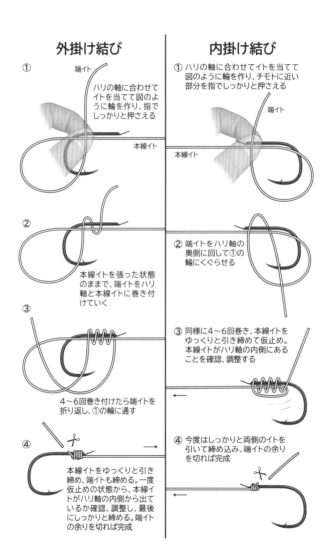

環付きバリの結び方

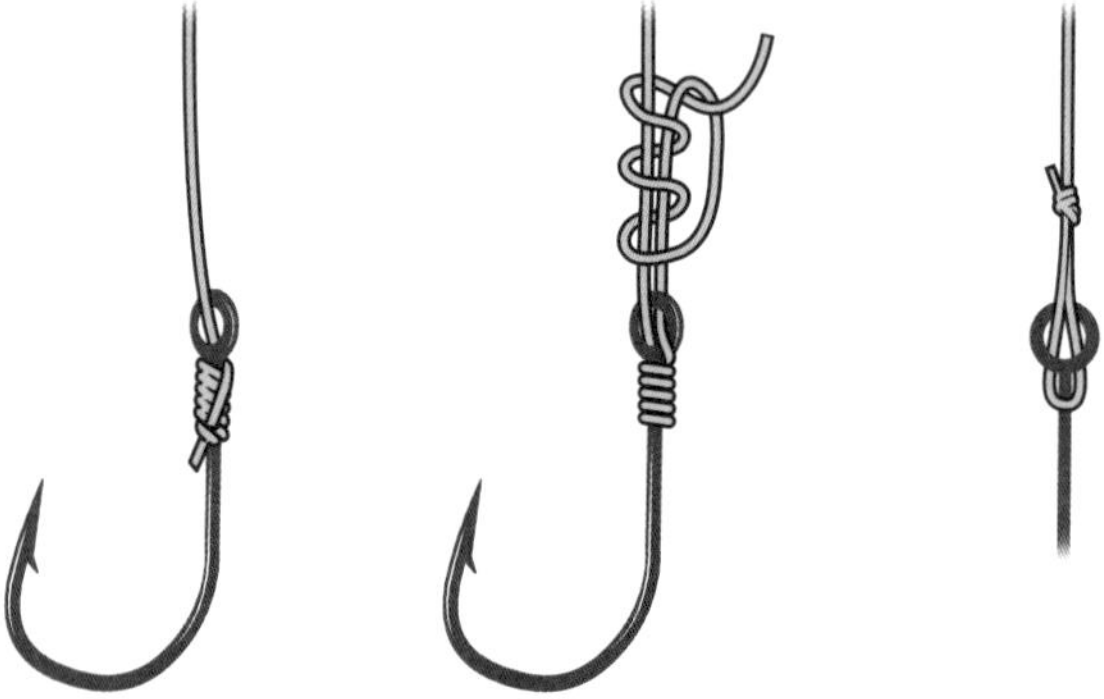
環から入れたハリスを数回
ハリ軸に巻き付け、環の反対
側から出してユニノット
チチワを利用する。環の
内側からチチワを通して
ハリ軸に掛ける

トーナメンターともなれば手許が暗くても20秒ほどで結びます。

環付きバリはスッポ抜けが起きにくく太号柄のハリスでも結びやすいのが特徴ですが、ハリスの角度が定まらず、ハリの性能を完全に発揮できないことがあります。そこで環の内側からハリスを通してから外掛け結びを行なう、環を潜らせたハリスをチモトに数回巻きつけてから環の反対側に抜いてハリス側で結ぶなど、やや特殊な結び方をすることでハリスの方向が安定します。ハリスの端にチチワを作り、環に通してハリ先から潜す方法もあります。

フライ（毛バリ）を頻繁に交換するフライフィッシングも環付きバリで、手早く結べるアイが重宝します。釣りの内容に応じてタタキと環付きを使い分けることが重要です。

フッキングのシステムを理解すれば必要なハリが見えてくる

手持ちのハリ、フックを何種類か並べてみましょう。よく見ると同じタイプのハリでもハリ先の向いている方向がまちまちだと思います。その理由を考えたことはありますか？　ご想像のとおり、ハリ先の向きが変われば魚の掛かり方も変わるからです。しかし、釣具店で買い求める際にハリ先の向きをハリ選びの参考にしていますか？　ハリ先の鋭さに比べて軽視されがちですが、ハリ先の角度（以下、ハリ先角度）はハリ先の鋭さと同じ、もしくはそれ以上に重要です。購入する際は必ずチェックしてください。ハリ先角度の意味合いを理解して使い分けられれば、釣果率が飛躍的にアップするかもしれません。

ハリ先角度とは、ハリ先とタタキを結んだ線（ハリが引かれる方向）と実際にハリ先が向いている方向との間にできる角度を差します。ハリ先の向く方向がタタキに近づいてハリ先の角度が小さくなるほど口内（奥側）ではハリ先が立ちづらく、口元で掛かりやすくなります。ハリ先が極端に内側を向くネムリバリはその典型で、このタイプは口元までハリが滑ってきて掛かるので、早アワセをするとスッポ抜けのリスクがあります。

逆に、ハリ先角度が大きなハリは外向きに開いているので、口内でもハリ先が掛かりやすくスッポ抜けが少なくなります。ただし、硬い部分に刺さることが多いのでアワセは強く鋭くが基本です。

このハリ先角度に関しては、軸の長さが深く関係しています。なぜなら同じ形状のハリでも軸が長くなるほどハリ先角度は小さくなり、逆に軸が短いほどハリ先角度は大きくなるからです。つまり、腰曲がりからハリ先にかけて同じ形状のハリであれば、長軸ほど口元に掛かりやすく、短軸は魚の口の中に掛かりやすい傾向があるといえるでしょう。

どちらのハリを選ぶべきかは、魚の口の形とエサの食べ方を考えると分かってきます。たとえば鋭い歯が並ぶ魚を釣るときは、ハリを口の奥に飲ませて掛けるとハリスが歯に擦れて切れやすいので、歯をかわして口元に掛かるハリ先角度が小さなハリが向いています。口に歯がない、あっても鋭くない魚を釣るときには、吸い込まれたハリが口内で掛かるハリ先角度が大きなハリが威力を発揮します。どちらがより高い確率で魚を取り込めるか、自分の釣りスタイルにも当てはめて考えてみましょう。

この使い分け方の典型例が磯釣りの主役メジナ（グレ）です。硬くて鋭い歯が並ぶ尾長メジナには、より口元に掛かりやすいハリ先角度の小さな長軸のグレバリが使われ、尾長メジナほど鋭い歯を持たない口太メジナは、ハリを飲ませてもハリス切れの心配が少ないことからハリ先角度の大きな開き気味で軸の短いグレバリが好まれます。これはエサバリに限らず、ルアーのフックにも共通しています。アジングではアジの軟らかい口元に掛けても口切れするので、吸い込んだワームを吐き出すときに上アゴの硬い部分にフッキングしやすい短軸でハリ先角度の大きなジグヘッドが効果的です。

ハリ先角度

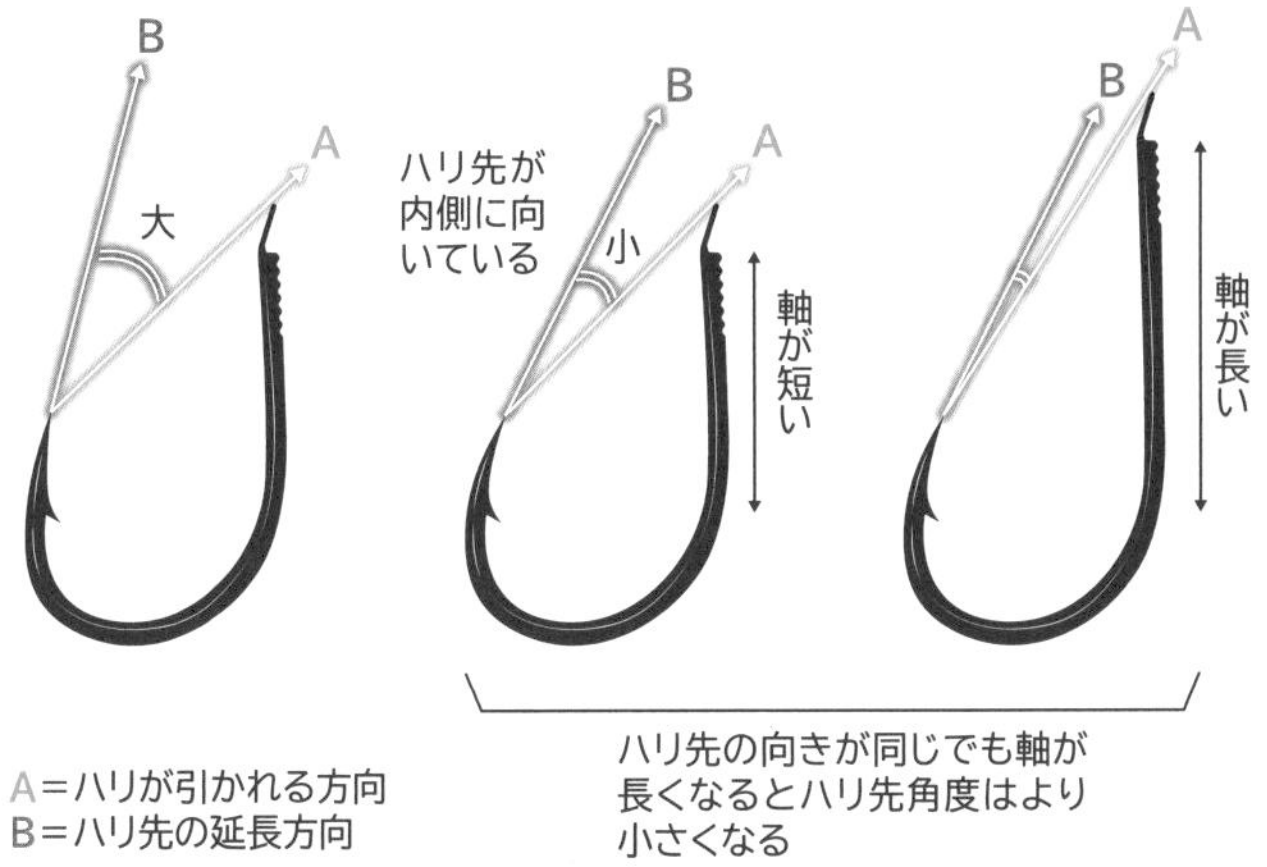

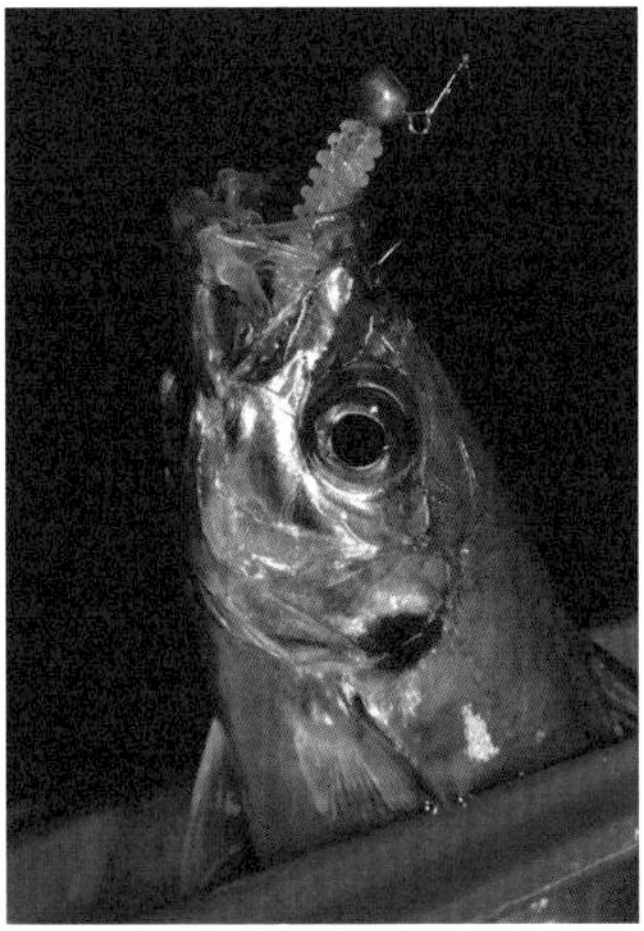

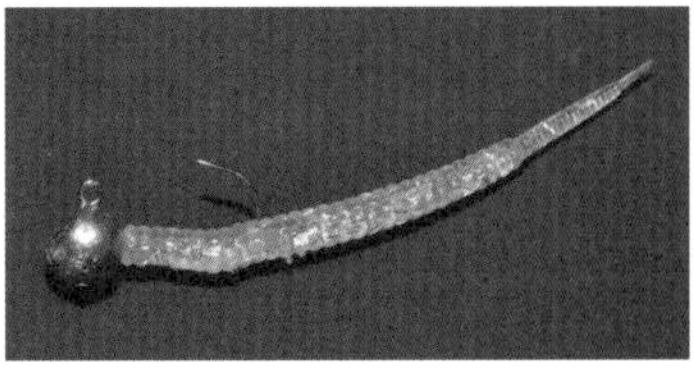

アジングといえばジグヘッドの単体リグ。アジはカンヌキも含めて皮の薄い口先にフッキングしても口切れするので、上アゴの硬い部分に掛けることが釣果の秘訣。吸い込んだワームを吐き出すときにハリ先が上アゴに掛かりやすいハリ先角度の大きな短軸のジグヘッドが人気

魚の摂餌パターンとハリの相性を考える

魚の口の形状は食性によって大きく変わります。魚食性の強い魚は一般的に口が大きくエラブタも発達しています。ブリなどの青ものやシーバス、淡水ではブラックバスやナマズなどがそうで、大きな口で一気にエサを吸い込みます。丸飲みした小魚が口から飛び出さないように、ヤスリ状の歯が唇のすぐ裏に細かく並んでいて大きな鋭い歯はありません。こうした魚は小バリだとスッポ抜けやすいので大きなハリを使うことを前提に、ハリ先角度も大きなものを選ぶことでフッキング率を上げることができます。吸い込み系の魚は一気に引っ手繰る明確なアタリが多く、ビックリアワセになりがちですが、ハリを貫通させられないとハリ外れの原因になるので、あわてず力を込めて鋭く合わせましょう。

小魚に噛みつくように摂餌するタチウオは、くわえ込んだエサを逃さないため、ノコギリのように鋭く大きな歯が並んでいます。ミスバイトが多いうえに歯にラインが触れるとたちまち切られるので、歯をかわすため軸の長い袖型のフックが多用されます。ヒラメやサワラも同じタイプの口です。

カニやエビに噛みついて致命傷を負わせてから味わうように摂餌したり、堤壁に付いているカラス貝をかじり取るように摂餌するクロダイは、口先が分厚い骨になっています。そこに何でもすり潰す小さな丸みのある歯がびっしりと並んでいます。この硬い口先にハリ先が

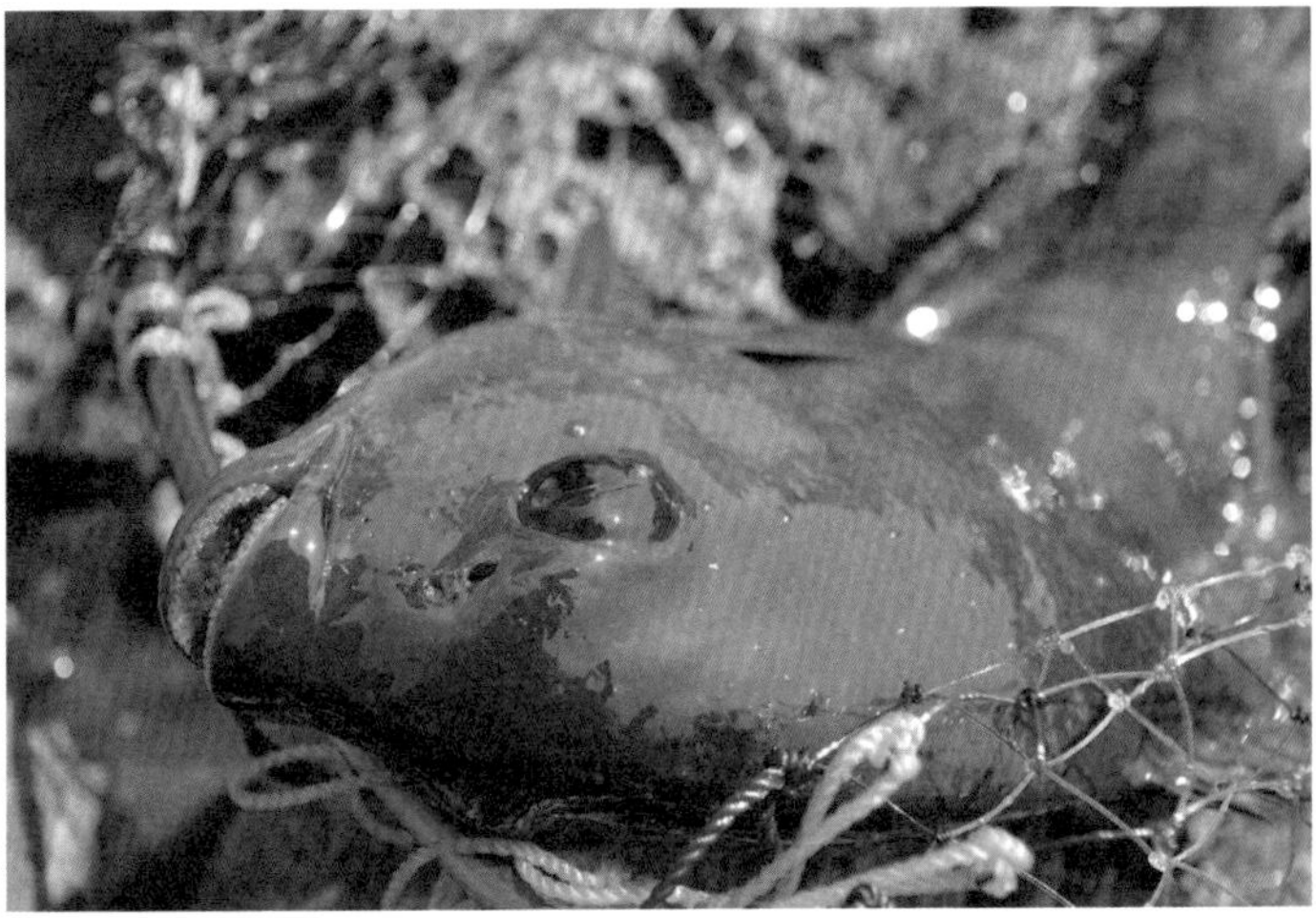

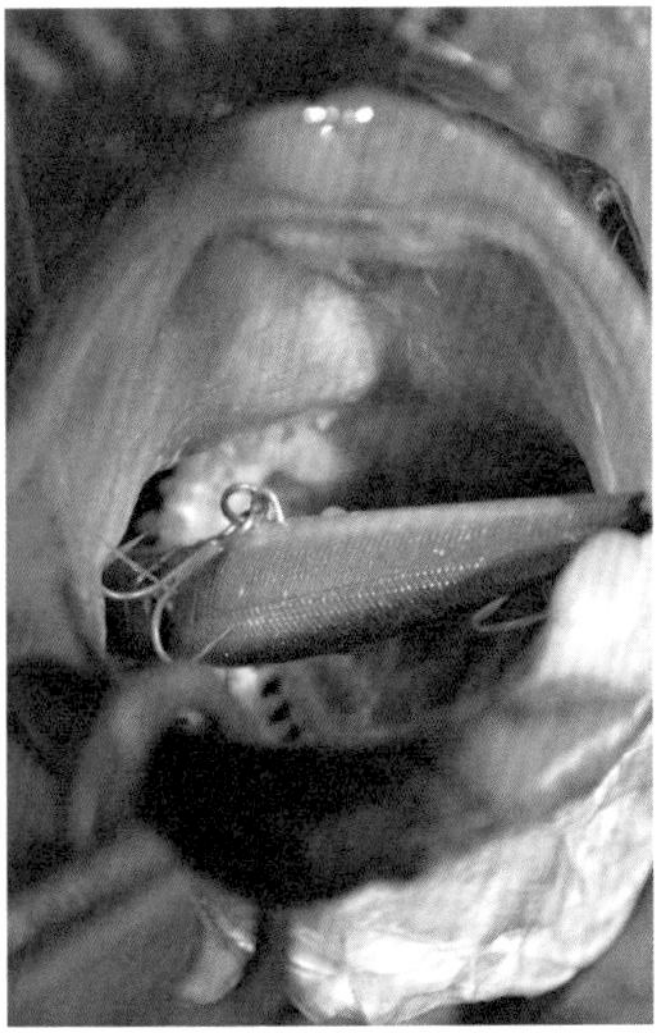

魚種によって口の形状、歯の鋭さや並び方は異なる。どのようにハリ掛かりすれば取り込み率が上がるかを考えて使うハリを選びたい。メジナは口太と尾長で求めるハリのタイプが大きく違う点が面白い

大きな口とエラブタを開いて海水ごと魚を吸い込むシーバス。ときには大きなミノーさえもひと飲みにする。これがサワラならラインブレイクは免れないが、歯が細かいシーバスだからキャッチできた。摂餌パターンの違いはハリ（フック）選択の大きな要素の一つ

立っても深く刺さらないので、慎重にハリを選ばなければなりません。ハリ先角度が小さな長軸のハリを使って唇やカンヌキ（口角）に掛けるか、短軸でハリ先の角度の大きなハリを吸い込ませて口内に掛けるか。同じクロダイ釣りでも遅アワセが基本のウキフカセ釣りと即アワセの前打ち落とし込みでは、マッチするハリ先角度が異なります。

イソメ類を常食するキスやカレイは、小さな口をスポイトのように伸ばして一気にエサを吸い込みます。そのため口内に掛かりやすいハリ先角度が大きく、細長い口でも外しやすい軸の長いハリが好まれます。カワハギは硬くて小さな細い口で器用にエサだけついばんで取っていきます。したがってハゲバリと呼ばれる先曲がりが大きく外を向きながらハリ先がネムっている独特な形状のものや、口の小さな魚に多用されるキツネ型のハリが有効です。

理想は掛かりやすく外れにくいハリ

釣り人がハリに求める性能は「掛かりやすい」と「外れにくい」。まさにこの2点に尽きると思います。しかし、この2点は実のところ相反しています。掛かりのよい形状のハリほど外れやすく、外れにくい形状をしているハリは必然的に掛かりにくいものです。この相反する性能をバランスよくミックスして多種多様なハリが作られています。どちらの要素に重きを置いたハリがベターなのか、自分の釣りに当てはめて選ぶようにすれば、これまで越えられなかった壁もクリアできるはずです。

釣具店でハリを選ぶとき、多くの人がハリ先に目を向けて少しでも鋭いモデルを選んでいることと思います。鋭いに越したことはありませんが、鋭くなるほどハリの耐久性は相対的に下がります。また、どんなハリでも魚を掛けたり根に擦れたり底石に触れたりするうちにハリ先が鈍ってくるので、こまめにチェックして少しでも不安を感じたら交換しましょう。

ハリ先の鋭さは「尖頭倍率」で表わします。これはハリ断面の直径（線径）に対してハリ先の長さが何倍あるのかを数値化したものです。たとえば線径1㎜のハリでハリ先の長さが5㎜なら、尖頭倍率は5倍です。尖頭倍率が大きくなるほどハリ先は鋭く刺さりやすくなり、逆に数値が小さくなると貫通性能では劣るもののハリ先の強度が増します。魚体に触れるだけで刺さり込むアユ釣りの掛けバリの尖頭倍率は10を超え、硬い口で噛まれても潰れない強度が求められるイシダイ釣りのハリは尖頭倍率が3ほどといわれます。アユ釣りでは頻繁に掛けバリを交換する理由の一つがここにあります。

掛かりやホールド性をフォローするネムリとヒネリ

オーソドックスなハリ先は真っすぐですが、掛かった魚が外れにくいようにハリ先が内側に大きく曲がり込んでいる形状を「ネムリ」と呼びます。口元に掛かりやすいハリ先角度の小さなハリの性能を、さらに特化させたものといえます。見た目からも想像できるとおり口内ではハリ先が立ちにくく、魚がエサをくわえて反転したときなど、ハリが口元まで滑り出てチモトが口の外に出た瞬間にハリ先が立ち、カンヌキなどに掛かる仕組みです。

バス釣りでグラブやワームをチョン掛けでセットするマスバリの中にもネムリタイプが数多くあります。ワームが外れにくい形状ということもありますが、細いラインを使うリグに多用するので口内に掛からずアイが口の外に出たところで掛かるようにするためです。

軸に対してフトコロの底からハリ先にかけて方向をズラしている形状を「ヒネリ」と呼びます。チヌバリや丸セイゴなどに多いヒネリは、合わせたときにハリ先が口内のどこかに触れる確率が高く、ヒネリのないストレートのハリに比べるとスッポ抜けが大幅に減ります。ただし、ハリ先の方向が軸からズレているので貫通性能ではストレートに劣りますから、ハリ先角度の小さなハリと同じようにアワセは強めです。また、付けエサがひねった状態になるので、どうしても海中で回転してイトヨレが生じてしまいます。

貫通性を優先すればカエシ（バーブ）は小さくなる

バラシを防ぐため、ほとんどのハリには「カエシ（バーブ）」があります。カエシが大きいほど掛かった魚は外れにくくなります。一方で、そのぶん強く合わせないと刺さりにくい、取り込んだ魚のハリを外すのに時間がかかる等のデメリットも出てきます。近年日本では釣りものにかかわらずカエシが小さくなる傾向にあるとされ、貫通性能で上回る半スレやマイクロバーブを愛用する釣り人も増えているようです。

カエシのないスレバリを使うジャンルも少なくありません。最も代表的なのはヘラブナ釣りです。和のスポーツフィッシングと称されるほど競技が発達したヘラブナ釣りでは、ハリを外すのに手間取っていては勝負になりません。スレバリは貫通性能に優れ、手早く外せます。簡単にハリを外せるということはバラシも多そうですが、仕掛けからテンションが抜けない限り簡単には外れません。ヘラブナ釣りでは、長くて軟らかいサオがヘラブナの動きに追従してハリに一定のテンションが掛かり続けるので、やり取り中にハリが外れることはめったにありません。しっかりとテンションが掛かっていれば、スレバリでもカエシのあるハリに何ら劣ることなく釣果を重ねることができます。

フライフィッシングでは、キャッチ&リリースの精神が根幹にあるためバーブレスフックやマイクロバーブへの理解が進んでいます。近年はルアーフィッシングでも、手早くハリを外せたほうが魚に与えるダメージを軽くできることから、ジャンルによってはバーブレスが好まれます。リリースが推奨されるエリアのトラウトゲームでは、シングルのバーブレスフックの使用がルールとして定められているフィールドが大半です。ランディングした魚を水から上げずタモの中でハリを外してリリースする、またラバーネットを使用するアングラーも増えてきました。現在のゲームフィッシングでは、スマートに魚をリリースできて初めてキャッチ&リリースが完結すると考えるアングラーも多いようです。

エサ釣りでは食べる文化が定着していることもあり、スレバリを使う釣り人は少数です。

しかしハリ先が細くて鋭いスレバリは、軽いアワセでも優れた貫通性能を発揮します。またスレバリの多くはハリ先角度が小さくてハリ先が長く、バラシの少ない形状をしています。魚の動きに追従するしなやかなサオを使えば魚が暴れてもテンションが抜けることはなく、伸びるモノフィラメントラインと組み合わせれば、やり取りの最中にハリが外れることはそうそうありません。重要なのはタックルのバランスです。

スレバリは、ビギナー同伴の釣行に特におすすめです。ウエアに引っ掛けてもカエシがないので簡単に外せます。万が一手に深く刺してしまっても簡単に抜くことができるので大事にいたる心配も少なくなります。

ただしカエシはエサズレ防止の効果も担っているので、釣りによってはスレバリは不向きです。たとえばワカサギ釣りのハリにカエシがないと、チョン掛けするサシや赤虫が簡単に外れてしまい釣りになりません。カエシのあるハリもスレバリも万能ではないのです。こうした点を踏まえると、双方のいいところ取りをした半スレ、マイクロバーブ、ローアングルバーブのハリの人気が出てきているのも納得です。

掛かったハリがなぜ抜けるのか

ハリ外れにはいろいろなパターンがあります。しっかりフトコロまで刺さりながらも口切れや身切れを起こしてハリが外れたり、ハリ先が口内の硬い部分に引っ掛かっていただけで魚が暴れたり口を開けた拍子にスッポ抜けるパターンが多いようです。また、しっかりフトコロまで刺さっていない状態でハリ先に力が掛かり、折れたり伸びて外れることもあります。

口切れと身切れは口が軟らかいアジやイワシはもちろん、口内が肉厚の魚でも起こります。貫通したハリが口内の膜や肉を切り裂く原因の一つにはハリ先角度が関係しており、ハリ先角度が大きなハリ、つまりハリ先が開いたハリを使うと起こりやすいとされています。ハリ先角度が小さくなるにしたがってフトコロに深く刺さり込むようになるので、ハリが身を切り裂くような掛かり方は減っていきます。もちろんフトコロ深くまでしっかり刺さったとしても、唇の皮一枚だけだったりと、掛かりどころが悪ければ簡単に切れてしまいます。

ハリの大きさも身切れに深く関係しています。ハリが大きくなるにしたがって刺さり込む部分も長くなるので身切れは起きにくくなります。小バリは魚の引きを受け止める部分が小さいので、そのぶん力が集中しやすく、身切れも増えると考えられます。また、同じ大きさのハリでは線径が細いほうが身切れが起きやすいといえます。

サビキ仕掛けで小アジを釣っていると、抜き上げるときにポロポロ外れますが、その大半は口切れです。枝スが短いため暴れるアジの衝撃を吸収しきれず、ハリが貫通した穴から軟らかい口の膜を切り裂いて抜けるのです。ウキフカセ釣りでアジが外れにくいのは、柔軟なサオと伸びるラインが衝撃を逃がすクッションの役割を果たしてくれるからです。口切れによるバラシが多い人は、ハリだけでなく道具立てから一度見直してみるべきでしょう。

スッポ抜けはキスの投げ釣りなど、合わせない釣りでよく起こります。キスの口は見た目の割りに肉厚なので口切れは少ないものの、向こうアワセで掛かるのでハリがフトコロまでしっかり刺さっていないことも多く、回収中に外れることが頻繁にあります。キスはサオ先をブルブルと震わせる特徴あるアタリが魅力ですが、それはキスがエサを押さえつけながら魚体を激しくくねらせて摂餌する振動ではなく、実はエサを吸い込んだ直後に違和感を覚えてハリを吐き出そうと首を振って暴れる振動です。この首振りでハリが抜けることが多いようです。スッポ抜けを減らしたければ、ハリ先が口内で引っ掛かりやすいハリ先角度の大きなハリが有効といえますが、単純にハリ先角度の大きければよいという問題ではありません。釣り場のロケーションや釣れるキスの大きさなど、さまざまな条件を踏まえてハリ先角度を選ぶべきでしょう。

ハリのトラブルはしっかり貫通していない状態でハリ先に力が加わると発生しやすく、本来発揮できる半分程度の負荷ですら折れたり広がってしまうこともあるといいます。口の硬い部分にハリ先が乗ってしまうのは不可抗力として、ハリ先が鈍っていると貫通性能が落ちているのでハリ折れなどにつながります。また、ハリ外れとは少しニュアンスが違いますが、しっかりハリスが結べていないと魚が掛かったときに結び目が回転し、ハリスがタタキに干渉して切れることがあります。これは魚の口内にハリを残すことになるので結び目をマメにチェックして回避しましょう。

「ハリを生かすも殺すもエサ付け次第」

エサの付け方が逆境を打破することも珍しくない

エサ付けがいい加減だと、巡ってきたチャンスに気づかず見逃しかねません。日頃から再現性を意識してエサを付けていれば、残り具合で水中の状況をある程度は推測できます。エサは時合の到来を教えてくれる貴重な情報源になるので、エサ付けは丁寧かつ正確に行ないましょう。それまで取られていたエサが丸ごと残っていたり、かじられていたのが潰されたなど分かりやすい変化のほかに、仕掛けの入り方が変わるといった潮の変化もエサ付けの再現性が高いほど分かりやすくなります。

そして、エサ付けの再現性と同じくらいアレンジも重要です。なぜならエサの付け方を変えるだけでアタリの出方が変わるからです。たとえばウキ釣りなどでアタリはあるけどハリに掛からない、エサだけ取られる、本命が見えているのにコッパサイズやエサ取りしか釣れないという状況に対して、多くの人はタイプの異なるハリに交換したり、ハリのサイズを落とすと思います。ところがその前に、エサ付けをアレンジすることで逆境を打破できるかもしれません。わずかな調整で最大限の効果を引き出せるのがエサ付けの妙です。

背掛け

腹掛け

頭なし

オキアミをハリに付ける。単純なようで実は難解なパズルのように複雑だ。腹掛けや背頭なしをベースに、２匹掛けやほかのエサと抱き合わせたりすることも。ハリの使い分けと組み合わせれば、そのバリエーションは数限りない

ゲーム性に富んだウキフカセ釣りでは意識的にオキアミの付け方を変えることがあります。オーソドックスな刺し方は尾羽根をカットして尾の付け根からハリ先を入れる腹掛けですが、エビ反りの形でハリに刺す背掛け（逆刺し）もエキスパートは多用します。腹掛けに比べてオキアミがズレにくく、抵抗が大きくなるので沈下がスローになります。さらに同じ号数のハリでも軽量の細軸に交換すれば、より長く漂うような演出が可能です。腹掛けよりボリューム感が増すのでエサ取りが小さいときなどは試してみたい付け方です。腹掛けでは小さなヒイラギばかりだったのに、背掛けにしたとたんにクロダイやメジナが連発することもあります。

また、腹掛けでも頭を落としてコンパクトに付けると抵抗が小さくなり早く沈下し

ます。加えて寄せエサに混ぜた崩れたオキアミと同化して目立たなくなるので、上層に群れるエサ取りをかわしやすくなります。さらに自重のある太軸のハリに交換して、よりスピーディーに沈下させるのも手です。食い渋りには頭と尾羽根を落とすだけではなく殻を剥き、オキアミを完全な剥き身の状態にして使うと効果的です。エサが小さくなるのに合わせてハリも小さくしますが、軸の太さで重さを調整するとバランスがとれます。また糖類を添加した加工オキアミを使うなど、エサの重さを変えて沈下を調整するパターンもあります。

こうした付けエサのノウハウはウキフカセ釣りに限らず、あらゆる釣りに共通しています。この肝心な部分に無意識でいる、工夫がないのはモロに釣果の差となって表われます。

恩恵多いケン付きバリ。テンポがよくなり集中力も持続

なぜ同じ形状のハリにケン付きとケンなしがあるのでしょう。ケンはエサのズレや抜けを防ぐ役割があります。イソメをエサに使ったとき、ケンのないハリを使うと打ち返しのたびにズレを直すはめになります。そんな場面では軸にケンのあるハリに交換すると途端にズレなくなって打ち返しがスムーズになります。煩《わずら》わしさから解放されるのでテンポもよくなって集中力も持続します。ケンは小さな滑り止めですが恩恵は非常に大きいのです。投げ釣りではケン付きのハリを使うと投入の際にイソメ類がズレたり抜けなくなります。ストレートフックにワームをセットする場合も、ズレを抑えるケン付きが使いやすいです。

ただし、軸にケンの加工を施すため、わずかながら強度低下は否めず、大きな負荷が集中すると折れる心配があります。ゆえにクエやイシダイといった強烈なファイトが魅力の大もの釣りのハリにはケンがありません。

見過ごされがちなハリの交換頻度

誰にでも、順調に釣果を伸ばしていたのに、あるときを境にバラシを連発した経験があると思います。大抵の人は首を傾げながらそのまま仕掛けを打ち返しますが、経験が豊富な釣り人は真っ先にハリを交換するでしょう。何尾か魚を釣る間にハリ先を潰したり、やり取りの最中にハリが開いたかもしれないからです。口の硬い魚が掛かると1尾釣っただけでハリ先が鈍ることもあります。もちろん障害物の多い場所での打ち返しもハリにダメージを与えます。1尾の釣果が明暗を分ける世界で腕を競うトーナメンター は、こうした事態に陥る前にハリ（フック）を交換しています。エキスパートが集うトーナメントにおいて、選手たちは頻繁にハリを交換します。

とりわけ交換頻度の高いジャンルがメジナのウキフカセ釣りです。メジナ釣りは魚の活性に合わせてハリの大きさや形状、重量などを調整しながら、2時間ほどの試合で10回前後はハリを交換しています。競技会では基本的にハリが外れないように飲ませるイメージで掛けていくので、メジナを取り込むたびにハリスをチェックして頻繁にハリを結び直す選手が多いようです。さらに、根掛かりはもちろんこれといったトラブルがなくても1時間ほど打ち返したハリは海底などに擦れているので、ハリ先を爪に立ててわずかでも鈍っているようなら交換します。キスの投げ釣りの大会なども、常にハリが海底に干渉しているので、選手たちは数投で仕掛けごと交換しています。

堤防、磯、投げ釣りなど、あらゆる海釣りの天敵といえばフグ。ニッパーのような歯でいとも簡単にハリスを噛み切りハリごと持っていきます。フグが釣れたらハリ先やチモトに傷が出来ているかもしれないので必ずチェックしましょう。フグの多い季節は、どんな釣りでも持参する仕掛けやハリは多くなります。

以前は交換するのではなく、シャープナーで研ぎ直す釣り人が少なくありませんでした。しかし、現在の化学研磨処理されたハリ先は非常に鋭く、シャープナーで研いで鋭利さを復元するのは不可能といわれています。また、コーティングを剥がしてしまうことにもつながるので速やかに交換するのが鉄則です。ルアー釣りのプラグやジグにセットするトレブルフックも、釣行から戻って水洗いするときに確認して、曲がっていたり鈍っていたら丸ごと交換しましょう。トレブルフックのハリ先は強度に優れますが、ボディーやボトムに常に干渉して確実に鈍ってくるので、見た目は大丈夫でも定期的に交換すべきでしょう。

まずは魚を掛けないと始まらないので、エサ・擬似餌に関係なく、どんな釣りでもハリ先と結び目のチェックは怠らないようにしましょう。

まとめ　こまめな作業こそが大きな成果を呼び込む

釣りはハリが9割。ハリに気を配ることがいかに重要かお分かりいただけたと思います。前回このハリでよく釣れた、釣り雑誌の解説がこうだった、などの理由で同じハリばかり選んでいる人は、この機会にハリを見つめ直してみましょう。ハリ先の鋭さや太さ、ジャンルによってはカラーも重要ですが、自分の釣りスタイルに当てはめて軸の長さやハリ先角度もしっかり吟味することが肝要です。ハリの使い分けを覚えればそのぶん釣りの幅が広がり、アタリの回数も増え、キャッチできる割合も高まります。

釣果の鍵を握るのは、釣り場でのこまめなチェックと交換、エサ付け。ハリの変形、ハリ先の鈍りは掛かりに直結します。チモト付近のハリスも合わせて仕掛け回収時にチェックを怠らず、少しでも不安になったり違和感を覚えたら交換、結び直す。状況変化に対応した変更も重要です。釣り場の雰囲気が変わったら、それに合わせてすかさずハリを替えたり、エサの付け方に変化をつけてみましょう。正解は必ずしも一つとは限りません。また、これこそ釣りの醍醐味ですが、何かのきっかけで正解は変化します。1尾釣れたからといって同じ釣り方を繰り返すのではなく、常に一段上の結果を目差すハリへの対応が、釣果アップに何よりつながります。

オトリアユを操作して野アユを掛ける友釣りには「ハリ合わせ」という言葉があります。これは、水勢や野アユのサイズ等を見ながら複雑な流れの中で野アユの魚体に一瞬でハリを掛ける釣りのため、必然的にハリへの意識が高いことを表わしたものともいえるでしょう。

まとめると、ハリ選びの基本は、対象魚の口の形状と生態、摂餌の特徴にマッチしたハリを選ぶこと。そして、魚との唯一の接点になるので掛かりどころ等を常に確認しながら「今のベスト」を探して、必要に応じてハリ交換、ローテーションをいとわないこと。また、ハリはパックに入れたままにせず、仕切りのあるケースに分けて収納し、名称や号数を明記しておくことで釣り場での状況変化に即応できます。

基本的なハリの使い分けパターンは覚えましたか?

・口内の硬い部分に掛けて口切れを避けたい、スッポ抜けを減らしキャッチ率を上げたい↓ハリ先角度の大きな短軸のハリ（口が細長い魚には長軸で対応）、ヒネリのあるハリを使う
・軟らかい口元部分やカンヌキに掛けたい、鋭い歯をかわしてキャッチ率を上げたい↓ハリ先角度の小さな長軸のハリを結ぶ（即アワセにはハリ先角度が大きく短軸のハリも有効）
・エサを素早く沈めたい↓重量のあるハリに小さくエサを付ける
・身切れが起きる↓太軸、長軸のハリに交換する

これらの基本を踏まえつつ、釣り場で得た情報を常に更新して仕掛けに結ぶハリにフィードバックしましょう。自分の頭と判断でハリ選びを考えられるようになると、釣りのクオリティーが大きく変わってきます。

釣果よりも優先すべきは安全

釣りは自然に触れる遊びである以上、事故の危険性もあります。万全の安全対策で臨み、ケガなく家に帰りましょう。くれぐれも無理をせず、身の安全を確保して楽しんでください。

ライフジャケットは欠かせない装備品です。オフショアの釣りでは自動膨張式が快適ですが、必ず国が定める安全基準をクリアした桜マーク付きのタイプＡジャケットを選びましょう。堤防釣りには浮力材の入ったベストを推奨します。万が一の落水時には浮力材がクッションの役割も果たしてくれるからです。膨張式はカラス貝やフジツボなどで破れる可能性があります。堤防は足場が良好で、一見すると安全に見えますが、特に沖向きに転落するとハシゴなどもなく簡単には上がれません。消波ブロックは隙間が大きく足場も不安定なので移動には細心の注意が必要です。立入禁止の場所以外でも不安を感じたら絶対に入らない心構えが大切です。サーフも外洋に面した急深の浜では、不用意に立ち込むと引き波に身体を持っていかれます。川は水深が浅くても流速のある場所で転倒すると起き上がるのは困難です。いずれも、首から上部を水面上に確保できるベストを推奨します。

釣り場は一歩間違えるとさまざまなロケーションに危険が潜んでいます。ベストやシューズ等を正しく忘れず装着することも大切ですが、自然を甘く見て判断を誤ると命取りになりかねません。天候が崩れる予兆があれば、海川にかかわらず速やかに撤収を心掛けましょう。安全第一、釣りを長く楽しむうえでこれに優る要素はありません。

第2章

タックル&仕掛けの絶対領域

サオの性能は感度で決まる

振動を伝える硬さと荷重変化を捉える軽さ

世界で初めてカーボン製のサオが作られたのは1970年代前半、日本のアユザオです。これにより釣りザオに素材革命が起こり、グラスからカーボンへの置換が進みます。さらに航空宇宙産業等によるカーボンの研究開発が進み、需要と供給のバランスが好循環となりコストも下がり、普及品のサオにまで幅広くカーボン素材が使われるようになりました。今もより細くて軽く、そして強いカーボンザオが続々と登場しています。こうしてストレスなく使えるモデルが手ごろな価格で市販される一方で、各メーカーの上級機種ともなると安易に手が出せません。同じ用途のサオでも、エントリーモデルとは価格で何倍もの差がついています。そんなサオの性能差はどこにあるのでしょうか?

ハイスペックなサオとの主な違いは「感度」と「軽さ」にあります。趣きを優先した釣りでも、重くて感度の鈍いサオからは得られる情報が乏しく、ジャンルによっては釣趣にも欠けます。もちろんサオには「パワー」や「曲がり」などの性能も求められますが、振り込みから魚を取り込むまで、多くの場面でサオの感度と軽さが重要な働きをしています。

サオの感度とは、振動の伝達能力です。ラインを通してサオ先に伝わってくる振動を手許に無駄なく伝える性能を差します。また、サオに乗っている荷重の変化を釣り人に伝えるのも感度です。魚の摂餌や障害物にコンタクトした際に発生する直接的な振動を捉える「反響感度」と、仕掛けに受ける潮の変化などを察知する「荷重感度（潮感度）」をまとめて感度と呼んでいます。反響感度はサオの硬さ、荷重感度はサオの軽さが重要です。

たとえばアジングでは荷重感度が極めて重要です。アジがワームをくわえて反転する前段階に現われる一瞬の荷重変化を捉えて合わせると、外れにくい上アゴにハリを掛けることができます。反転して首を振るガツガツした振動を察知してから合わせても、口先の薄い膜に掛かるので口切れを起こしやすいのです。荷重変化を捉えられる釣り人が何十尾も釣る状況下で、反響感度を頼りに掛けていく釣り人は数尾で終わることもあります。この荷重変化のアタリは、極限まで軽量化した高感度のサオがあってこそ捉えることが可能です。

こうした荷重変化のアタリをはじめ、底質や水流の変化、仕掛けの馴染み具合、付けエサの有無など、高感度のサオは、さまざまな情報を釣り人に伝えてくれます。まさにサオは感度と軽さが重要なのです。

軽くて強いカーボンが素材の主流

サオの感度を決めるのは素材です。振動は物質が硬いほど、そして軽いほど伝わりやすいといわれており、現在使われているサオの多くは軽くて強いカーボン（炭素繊維）製です。カーボンは鉄の5分の1ほどの重量ながら10倍の強度を誇ります。

サオは、カーボン繊維をシート状に加工したものをラップフィルムのように芯金（マンドレル）に巻きつけて焼き上げたものです。つまり、カーボンシートの特性が、そのままサオの性能に反映されます。なお、原材料の種類やレジン（樹脂）によってもカーボンシートの特性は異なり、そのバリエーションも豊富です。

カーボンの強度は「引張弾性率」として数値をトン数で表わします。この数値が大きいほど硬くて曲がりにくいので振動の伝達能力に優れます。一般的に40トンあれば高弾性、30トン前後なら中弾性、それ以下が低弾性という感じですが、具体的な数値での線引きはありません。50トンを超える超高弾性もアユザオや一部の高級ルアーロッドに使われています。

つまり、高弾性カーボンを使えば薄くて軽いサオを作ることができます。しかし、硬くなるほど衝撃等に対しては脆《もろ》さが生じてきます。いくら高感度でも曲がらない、すぐ壊れるようでは使い物になりません。そこでカーボン繊維の密度を高める、弾性率の低いカーボンを合わせる、しなやかなグラス繊維を混ぜるなどさまざまな工夫も行なわれています。また、粘りを持たせて曲がるサオに仕上げると相対的には重量が増して感度は鈍ります。この辺りのさじ加減が非常に難しく、各メーカーが開発に凌《しの》ぎを削っている部分でしょう。ちなみにトン数自体が同じカーボンシートでも性質が全く一緒というわけではなく、価格面の違いも

きびきびとルアーを動かしたらピタリと止めて魚の反応をうかがう。このメリハリある操作感は高感度のカーボンロッドならでは

張りの強いカーボンロッドでも魚がヒットするときれいにベリー（胴）から曲がる。サオの製造技術やノウハウは目覚ましく進歩している

含めて製品化されるサオに反映されます。また、弾性率が低い＝低品質というわけでもありません。

基本的なカーボンのサオの特性については次のとおりです。

高弾性↓軽い、張り（反発力）が強い、曲げるのにより強い負荷が必要、硬いが脆い

低弾性↓重い、粘りがある、小さな負荷でも曲がりやすい、折れにくい

高弾性のサオは反発力が強いので、曲がりからの復元が早く、キャスト時のリリースポイントがシビアです。しかも硬くて曲がりにくいということは身体への負担が大きくなり、使いこなすには釣り人に高い技術が求められます。もちろん上位機種に多い高弾性カーボンで作られたサオは、ジャンルにもよりますが必ずしも硬いだけではありません。張りとしなやかさのバランスを高次元で両立させているからこそ上位機種に位置付けられているわけで、そのようなサオはビギナーでも快適さを感じられるものです。ただし、だからといって誰もがそのサオの性能を１００％発揮できるかどうかは別です。また特定の機能に特化したサオは使用するシチュエーションや使い手を選びます。そういう意味では、近年は逆に複数のターゲットをカバーしてくれる汎用性を売りにした製品も沖釣りなどでは人気です。

また、より趣きを重視する釣りではサオのスペックはさほど重要ではありません。職人が手掛けるタナゴの和竿やルアーのビンテージロッドなど、愛好家に好まれるサオはたくさん存在します。あくまで釣りは遊びなので、サオの評価は使う人によっても異なるわけです。

手感度のチューブラーと目感度のソリッド

サオには中空構造のチューブラーと、中身が詰まったソリッドがあります。素材を芯金に巻いて焼成、製品化したサオが主流なので大半はチューブラーです。芯金に巻くことでそのぶん仕上がりは太くなりますが、ソリッドに比べてサオ先まで張りを持たせられるので振動の伝達性能に優れます。つまり、アタリや底の感触を手で感知できる「手感度」に優れています。積極的に仕掛けを動かして誘ったり遠投する釣りにはチューブラーのサオが適しています。また繊細な釣り方が話題になりやすい現在は、ソリッド穂先を組み合わせたタイプも人気です。ソリッド穂先はアタリが大きく出ますし、微妙な仕掛け操作が可能で折れにくく魚の食い込みもよいので、ライトソルトやエギング、磯釣りなどで広く使われています。

一方、イカダ釣りや船釣り、ルアー釣り（ジギング、タイラバ、エギング、ブラックバス等）など、短いサオを使うジャンルでは、サオ先からバットまで中身が詰まったソリッドのサオを使う釣り人も少なくありません。以前はソリッドといえばグラス製でしたが、最近はカーボン製が人気です。サオ先が細く作れるソリッドは曲がりがスムーズで、視覚的に変化を察知できる「目感度」に優れます。カーボンのソリッドならば手感度も充分備えており、ブラックバスではフィネス（繊細な釣り）用のフルソリッドロッドがあります。ソリッドはトルクがあり大きく曲がっても潰れる心配がなく、大型魚とのファイトも堪能できます。以前は重量がかさむ点が課題でしたが、製造技術の向上でより細く仕上げたり、ガイドのセッティングなどを工夫することで大胆な軽量化も実現し、使い心地が大幅に向上しました。

製法技術は今も進化を続けており、反発力を上げたソリッドのサオや反発力を落としたチューブラーのサオなども登場。ソリッドとチューブラーを分けて考える時代ではなくなりつつあります。この先も斬新なブランクスが登場するに違いありません。

見直されるグラスロッド

カーボン以外の素材で、近年再評価されて人気が高まったのがグラスです。しなやかで曲がりが美しいグラス製のサオは1970年代から80年代にかけて釣りザオの主流でしたが、カーボンザオの普及とともに主役の座を明け渡します。しかし、20年ほど前からバスフィッシングの巻きモノ系に使われるようになり、現在は他のルアー釣りやイカダ釣り、フライフィッシング等で広く使われています。低反発なので魚のアタリを弾きにくく、引きに素直に追従するのでハリが外れにくいのが特徴です。ベテランにはグラス製のサオは重いというイメージが根強いですが、素材の見直しやバランスに優れるテーパーデザインなどが考案され、軽快な使用感を実現しています。

グラスは感度が鈍いといわれていますが、低反発のサオ先は魚の吸い込むアタリに対して素早く入るので張りの強いカーボンよりも視覚で捉えやすく、「目感度」に優れています。低

バスフィッシングにはグラスロッドの愛好家も少なくない。トップウオータープラグをピンスポットで艶めかしく動かす能力は低反発のグラスロッドが秀でている

反発だけに鋭く掛け合わせる釣りには向いていませんが、タチウオジギングのような向こうアワセで掛けていくスタイルの釣り方には相性抜群です。また、バスフィッシングのトップウオーターゲームなど、目で楽しむ釣りにももってこいです。

実力充分な現代のパックロッド

携帯性に優れたパックロッド（モバイルロッド）は、リールとセットの振り出しタイプが人気です。ブランクスが細かく分割されるので以前は軽量化が難しく、パワーや張りも損なわれがちでしたが、従来の超安価なファミリータイプとは一線を画する近年の機種は感度、軽さともになかなかのもの。旅行に携帯したり自転車でのランガンなど、アイデア次第でさまざまな使い方が楽しめ、近年のソロキャンプブームにもマッチしたアイテムといえます。

3～5分割されたブランクスを継いで使うタイプはより1ピースに近いフィーリングが得られ、特にフライロッドではマルチピースとも呼ばれてポピュラーな存在です。フライロッドはかつてはアクションやキャスタビリティーへの懸念から2ピースモデルが主流でしたが、20年ほど前からは全く遜色ない製品が続々登場して現在に至っています。

ルアーロッドもスピニング、ベイトリール用のサオがそれぞれ市販されています。振り出し式と違って1本ずつ継ぐ手間はありますが、一度セッティングしてしまえばＯＫですし、仕舞寸法が短いので携行性にも非常に優れます。

「サオを曲げればバラシは激減」

混同しがちなテーパーとアクション

サオは曲がりが命です。この曲がりとそれに伴う反発力が仕掛けを飛ばし、掛けた魚をいなしてくれます。振り込み、仕掛け操作、やり取りという3つの大きな釣りの要素のうち、少なくとも2つで大きな役割を果たしていることがおわかりでしょう。釣り人にとって重要なのはサオのパワー＝反発力を最大限に生かすこと。そして設計する側としては、その味付けをどうするかでサオの特徴が大きく変わるため、腕の見せ所でもあります。

この曲がりと深く関係しているのがサオの「調子（アクション）」と「テーパー」です。なお、本項で述べるパワーは一般的な力の意味合いですが、ルアー釣りのサオに表記されるパワーは、ウルトラライト〜ミディアム〜エキストラヘビーというサオの硬さ（曲がりの度合）や強さ（投げられるルアーの重量）を表わしているため、混同しないように注意が必要です。

サオは負荷が掛かると穂先側から元ザオにかけて曲がってきます。この曲がり方は調子（アクション）で表わされ、穂先側が中心に曲がる先調子（ファストアクション）と、全体に曲がる胴調子（スローアクション）に大きく分けられます。その中間は本調子や中間調子（レ

サオの曲がり

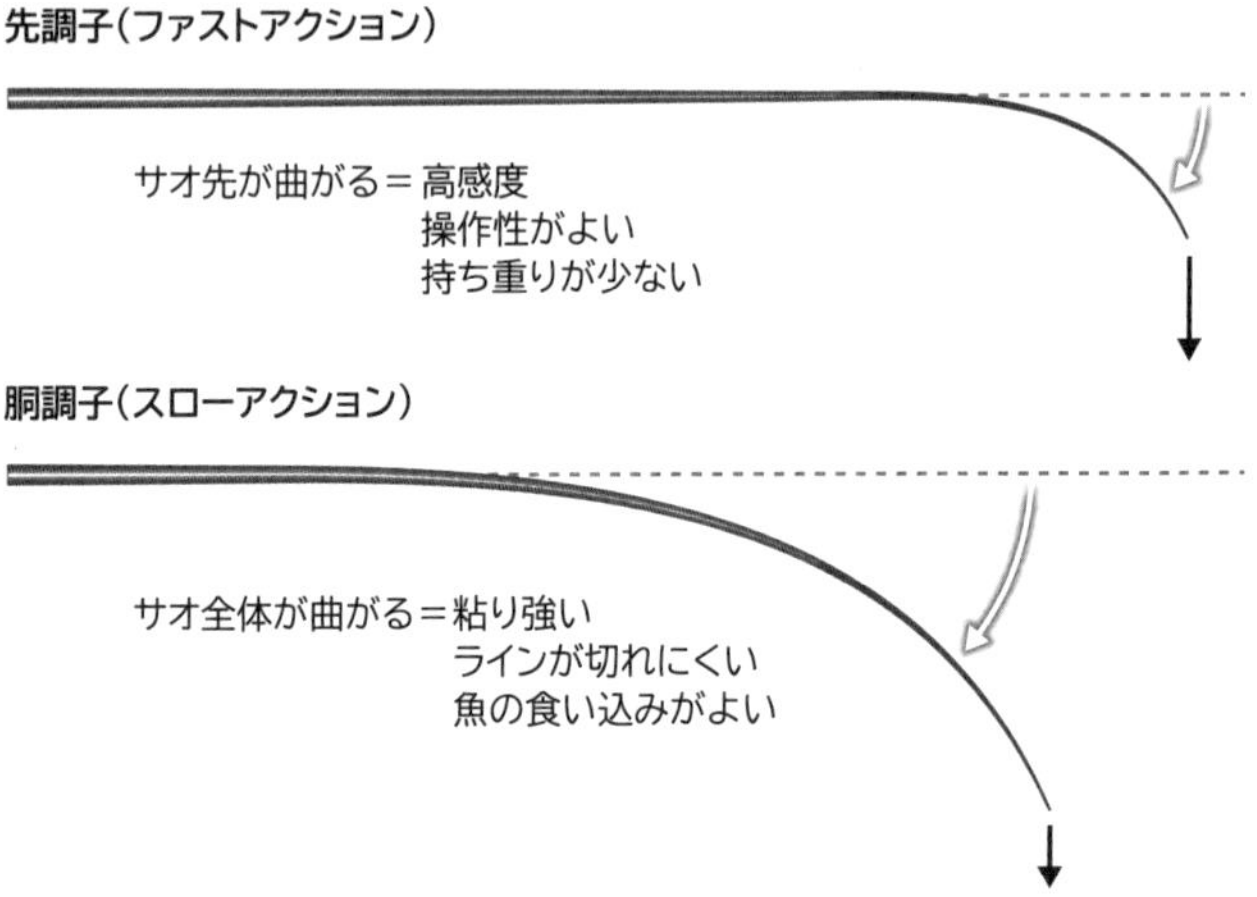

ギュラーアクション）と呼ぶこともあります（ジャンルごとに異なる呼称あり）。先調子と胴調子の特徴を併せ持つ本調子は、その万能性からワンタックルが基本のオカッパリのバスフィッシングで人気です。またフライロッドでは負荷に応じてサオの曲がり（ベンディングカーブ）が手元側に移動するプログレッシブアクションというものもあります。

先調子はバット（手元）から胴にかけて張りがあり操作性に優れ、持ち重り感が少ないのが特徴。ルアーにアクションをつけやすく、仕掛けのコントロールを得意とするので、手返しの早い能動的な釣りに向きます。9：1、8：2調子のほか、掛け調子とも表記されます。一方、胴調子はサオ全体がスムーズに曲がるので絞り込まれてからも粘りがあり、細イトで大ものと対峙するときに威力を発揮し

サオのテーパー

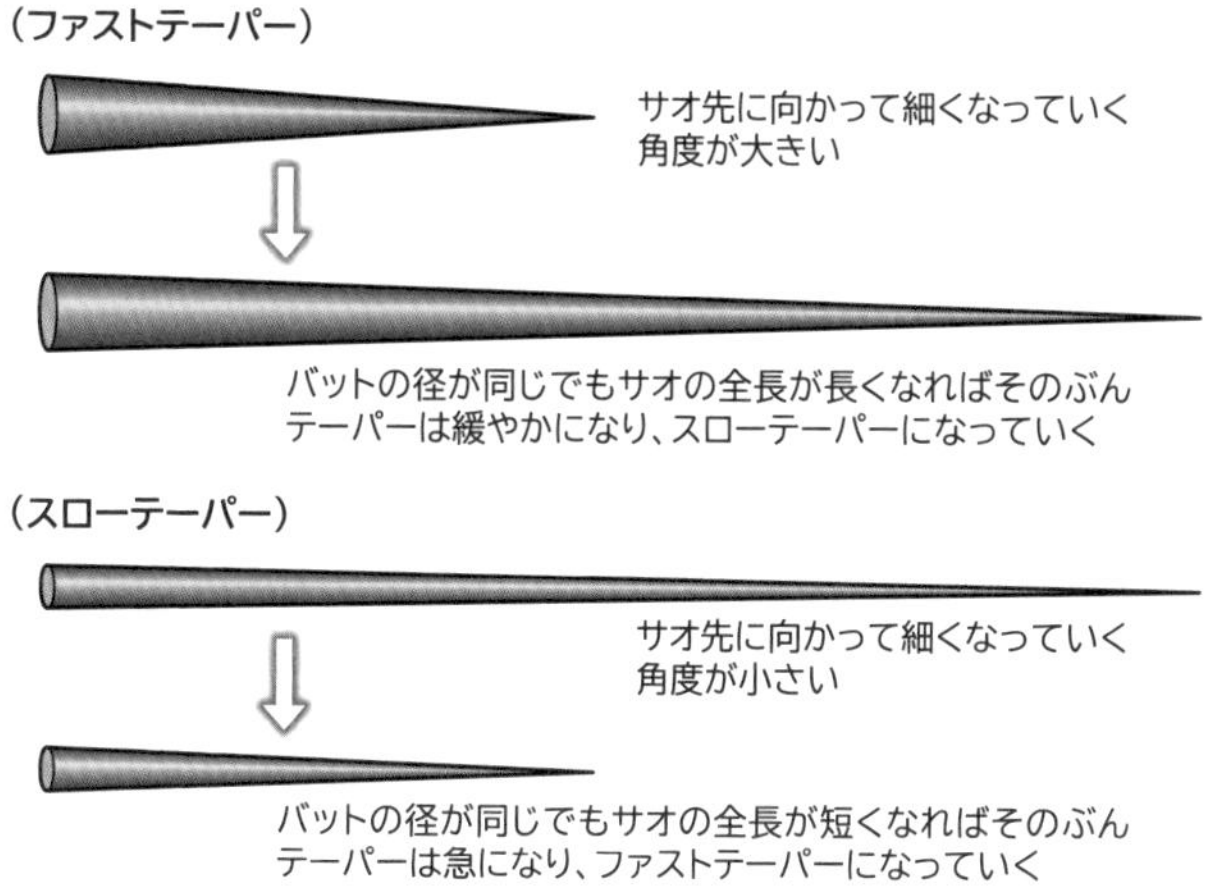
（ファストテーパー）
サオ先に向かって細くなっていく
角度が大きい
バットの径が同じでもサオの全長が長くなればそのぶん
テーパーは緩やかになり、スローテーパーになっていく
（スローテーパー）
サオ先に向かって細くなっていく
角度が小さい
バットの径が同じでもサオの全長が短くなればそのぶん
テーパーは急になり、ファストテーパーになっていく

ます。魚に弾かれにくいので置きザオでアタリを待つような向こうアワセの釣りにも適し、6：4調子や5：5調子、乗せ調子がこれにあたります。ちなみに本調子は7：3調子です（7：3は先調子に含むこともある）。

この調子と混同されがちなのがテーパーです。サオは基本的に手元から穂先へ向かうほど細くなっていきます。この細くなっていく角度が急なものをファストテーパー、緩やかなものをスローテーパーと呼んでいます。バットが太くて全長の短いサオはおおむね急激に細くなるのでファストテーパー、その逆のパターンがスローテーパーということになります。

以前はテーパーとアクションはほぼ同義で、ファストテーパーならファストアクションという考えが一般的でしたが、製造技術がより発達した現代のサオはその限りではありません。

サオがノサれると魚を逃がすワケ

硬くて変形しづらいカーボンは、曲げると大きな反発力が生じて素早く復元します。魚とのやり取りでは、この反発力を上手く使いこなすことが肝要です。誰にでも、不意に掛かった大ものになすすべもなくサオをノサれ、バラした経験があると思います。このサオがノサれるという状況は、強烈な魚の引きにこらえ切れず、曲がりや反発力を生かせない角度までサオが倒されてしまうことです。魚が引っ張る方向にサオごと持っていかれ、魚とライン、そしてサオが直線に近い状態になるので、サオの曲がりで引きを受け止められなくなり、あっという間にラインを切られてしまいます。たとえラインが切れなくても、負荷が掛かるハリが伸びたり、身切れを起こしてハリが外れます。サオをノサれてしまったら、まず取り込めません。堤防や河口のブッ込み釣りで大きなエイが掛かると大抵はサオをノサれた挙句に綱引きになってラインを切られますが、しっかりサオを起こして耐えていると意外に取り込むことができます。掛けた魚はできる限り取り込んで、ハリを外してからリリースしてあげたいところです。

同じタックルを使っていても、ノサれる前にサオを起こせるか否かで展開は大きく変わります。サオをノサれそうになったら素早く体勢を立て直し、魚の引きに逆らって起こすときにサオは大きく曲がりますが、絞り込まれるほど反発力も大きくなるので、起こせれば形勢

イカダ釣りをはじめクロダイのカカリ釣りに使うサオの穂先は非常に繊細だが、胴からバットにかけての強さはバスロッドに引けを取らない。大型のクロダイもグイグイ浮かせる

逆転できます。無理をするとサオを折られかねないと委縮しがちですが、適合ラインを使っていれば問題ありません。引きが強くてサオを起こせない場合には、リールのドラグを緩める、クラッチを切る、ベールを起こすなどしてサオを立て直すことができますが、手際よく行なうにはリールの扱いに慣れが必要です。ちなみに磯釣りに用いるスピニングリールは、ノサれたときに素早くローターを逆転させてラインを送り出しサオを起こせるレバーブレーキが搭載されています。レバーブレーキは10年ほど前にシーバスにも持ち込まれ、エラ洗いを回避できると愛用するアングラーが増えています。

イカダ釣りに用いるサオの穂先はクリップ程度のオモリで底が取れるくらい繊細ですが、胴からバットにかけてパワーを持たせており、

手軽にスリリングな釣趣が味わえるノベザオのメジナ釣り。メジナの鋭い突っ込みをサオが満月を描いて受け止めて浮かしにかかる。サオがクッションになるので細いラインでも切られない

サオを起こして胴を曲げてファイトすれば、大きなクロダイでも難なく浮かせることができます。それほどカーボンの反発力は強力です。魚の引きにひるむことなく、サオを起こせば釣果率は上がります。イカダ釣りにかかわらず、釣り人が強い気持ちで臨むことがバラシの軽減につながります。

また、リールに頼れないノベザオは、ノサれたらお手上げなので魚との真っ向勝負となります。これが実にスリリングでゲーム性に富んでいるので、堤防や小磯で手軽に楽しめるノベザオのメジナ釣りが流行りつつあります。たとえ相手が小型でもライトなノベザオを使えば充分に楽しめます。また、大ものがヒットする可能性があるフィールドでは、たとえわずかでもノサれにくい長めで強いノベザオを使いましょう。

曲げているつもりでノサれていることも

魚をバラすことが多い人は、サオがノサれていることに気づいていないケースが目立ちます。サオを立てているつもりでも反発力をフルに引き出すまで起こせていないのです。この症状は自分では分かりにくいので、大ものが掛かったとき、仲間に横から動画を録ってもらうと一目瞭然です。特にタイプの異なるサオを使うと落とし穴にハマりやすいので注意が必要です。たとえば普段は先調子の強いルアーロッドを使っている人がしなやかで長い磯ザオを持つと、ノサれてバラシを連発することがあります。磯ザオは元ザオまで曲がってきて強力な反発力を発揮するので、満月のように曲げて魚を浮かせます。突然の突っ込みにも、さらに曲がり込んで受け流します。いつものルアーロッドなら適正のサオ角度も、磯ザオでは浅すぎるというわけです。

生きたアジを泳がせてアオリイカをねらうヤエン釣りなどは、サオの角度が少し違うだけで驚くほど釣果に差が出ます。アオリイカの引きにひるんでサオを寝かせた状態で寄せていると、タモ入れの前にことごとく身切れで取り逃がすことになります。ヤエンを掛けたら空に向かってサオを突き上げることが釣果アップの秘訣です。

調子によって曲がりは違えども、どんなサオも真っすぐに戻ろうとする力が働きます。この反発力を引き出すためにもサオを起こし、魚と角度をつけることを心がけましょう。

相性のよいリールを探す

リールのハンドルと利き手の関係

釣りを始めたばかりの頃は、誰もが利き手でスピニングリールのハンドルを回していたことでしょう。右利きの人は、左手にサオを持ち右手でリールを回すほうがしっくりくるので当然です。ところが日常的にフィールドへ繰り出すようになると、多くの人が左巻きに切り替えます。なぜなら繊細な利き腕でサオを操作したほうがよく釣れるからです。

右利きを前提に話を進めると、スピニングリールは左巻きが圧倒的に有利。第一に、右手でキャストするのでサオを持ち替える手間が省けます。これは、特に繰り返しキャストするルアー釣りでは持ち替えの動作が非常に煩《わずら》わしく感じるものです。左巻きなら素早くラインを張ることができ、すぐに誘いが入れられる点も魅力で、キャスト～リトリーブ～フッキング～ファイト～ランディングまで一連の動作を切れ目なくスムーズに行なえます。以上のことから、左巻きに切り替えるメリットが非常に大きいのです。

繊細なアジングでは荷重変化のアタリを捉え、柔らかい動作で魚をあしらえる利き腕でのサオ操作が必須なので、必然的に左手でハンドルを回すことになります。これはルアー釣りに限らず、サオを右手で操作する多くの釣りに共通しています。利き手でサオを操作したほうが繊細な誘いをつけられますし、アタリにも敏感に反応でき、大ものがヒットしたときもサオを持つ腕と全身を使っていなすことができます。大型青ものとのファイトなどパワーが求められる場面では力強く巻ける右巻きが有利という説もありますが、現在はGTのトップウオーターゲームにおいても、多くのアングラーが左巻きを使っています。スピニングリールに関しては、小ものから大ものまで左巻きが有利にゲームを進められるといえます。

一方、両軸リールやベイトリールでは場面ごとに優位さが変わるため、左・右を使い分けるスタイルが定着しています。たとえば飛距離。キャスト時にハンドルが上を向く右巻きは、腕を振るときの姿勢が安定するので加速もスムーズでより遠くにルアーを飛ばすことが可能。重いルアーのキャストも安定します。ハンドルが下を向く左巻きはフルキャストには向きません。ただし、飛距離よりも精度が求められるピッチングでは左巻きでも安定した正確なキャストが可能になります。リトリーブの安定感も右巻きが上回ります。特に、引き抵抗が大きなルアーを一定の速度で巻き続けるなら右巻きのほうが疲れません。左巻きはリフト&フォールなど、右手でボトムを感知しながら釣るスローなスタイルで威力を発揮します。

釣りは遊びですから一概に左右の使い分けが絶対必要なわけではありませんが、釣りの幅は確実に広がります。可能であれば左巻きと右巻きを1セットずつ用意して、釣り場で実際に試してみることをおすすめします。

リール選びで失敗しないチェックポイント

リールは自分の釣り方を踏まえて選びましょう。購入時に考えたいのは、使うサオやラインとのバランスです。軽くて細い繊細なサオには、それ相応にコンパクトで軽いリールを選ばないと釣趣が損なわれます。リールについて大は小を兼ねるとはいかないのです。

購入するときは釣具店で実際に目ぼしいリールを手に取り、ハンドルを回してフィーリングを確認しながら最大ドラグ力、ベアリング数、自重をチェックすると思います。今どきのリールは安価でも軽くて回転も滑らか。もちろんハンドルにも遊びがないので非常に快適です。リールもまたサオ同様に選択肢が多いので迷いがちです。

最初は高価なリールを1台買うのではなく、手ごろな同じ番手のリールを2、3台購入し、素材の異なるラインを巻いて場面ごとに使い分けるスタイルがおすすめです。これなら頻度の高いライントラブルに直面しても安心だし、ラインの使い分けは釣りの幅を広げてくれます。また、移動の多いオカッパリなど機動性を重視したい釣りなら替えスプールを用意し、異なるラインを巻いてバッグに入れておくと荷物をコンパクトにまとめられます。

スピニングリールは、利き手に応じてハンドルを左右に付け替えることができます。ハンドルはねじ込み式と共回り式に分かれており、中級機種から採用されるねじ込み式は、共回り式よりガタつきが少ないとされます。一方、ベイトリールは左右の互換性がないので、熟考してから購入しましょう。

リールを選ぶときに注目するポイントは次のとおりです。

▼番手／リールの大きさを表わします。同モデルなら大きくなるほどパワーが上がりイト巻き量も増えますが自重は重くなります。汎用性が高いのは2500番、3000番あたりですが、注意したいのはメーカーごとに番手の基準が少しずつ異なる点です。したがって同じ3000番でもメーカーによってイト巻き量が異なります。

▼ドラグ／リールの性能が最も顕著に出るのがドラグです。ワッシャーを重ねて生じる摩擦を利用してスプールの滑りを調節する機能で、挟み込むワッシャーの素材や枚数などの影響で最大ドラグ力などの数値も変わります。単にラインが切れる前に滑ってくれればよいわけではなく、止めたいときに止まってくれるドラグが理想です。滑り出しに引っ掛かりがあったり、いったん滑り出すと止まらなくなるドラグでは使い物になりません。

ルアー交換やラインの巻き直し時はもちろん、ときには潮の流れや水深など、釣り場でドラグを調整する機会は思っている以上に多いものです。快適に釣りを楽しむためにもこまめな調整が大切なので、こだわりたい部分です。細いラインを使う繊細な釣りに適したドラグや、青もののように強烈なパワーで走る魚とのファイトを想定したドラグもあるので、自分のスタイルに合わせたドラグを搭載しているリールを選びましょう。

▼ギア比／ギア比はドラグと並ぶ重要なチェックポイントです。ここで失敗すると釣りが成

立しないこともあります。素早く仕掛けを張りたい釣りや巻きアワセを多用する釣りにはハイギア、重い仕掛けを扱う釣りにはローギアがマッチします。最近はハンドル1回転で1mラインを巻き取れるハイギアも登場しています。

ギア比が上がるほどハンドル1回転で多くのラインを巻き上げられますが、それには力も求められます。特に巻きはじめが重く感じますが、長いハンドルのモデルを選ぶことである程度はフォローできます。逆に巻き上げ量が少ないローギアは、トルクに優れるので大ものとのファイトには安心ですが、巻き上げ速度が遅いので素早く仕掛けを回収したい場面では急いでハンドルを回さないといけません。ハンドルが長いと動作も大きくなるので、やや短いハンドルのモデルが使いやすいです。

▼堅牢性（耐久性）／魚との激しいファイトや根掛かりなど、リールには頻繁に大きな負荷が掛かりますが、強度で劣るとリールのシャフトが曲がったりフレームが歪んでスムーズに回転しなくなることがあります。長く使うつもりなら、信頼性のある高強度のリールを選びたいところです。ボディーの素材は、強度では劣るものの冬に冷たくない非金属、剛性に優れるが重いアルミニウム、軽くて強いが錆びやすいマグネシウムなどが使われており、ご覧のとおり一長一短あります。自分の釣りスタイルやフィールドを考えて選びましょう。

▼スプール／現在は多くの釣りでPEラインが使われており浅溝スプールが人気ですが、モノフィラメントラインの需要も大きいので、現在の汎用性に優れる中小型のスピニングリー

最近のオフショアシーンではスピニングリールのハンドルを交換している釣り人が多く見受けられる。ハンドルが長くなれば巻き上げが楽になるものの動作は大きくなる

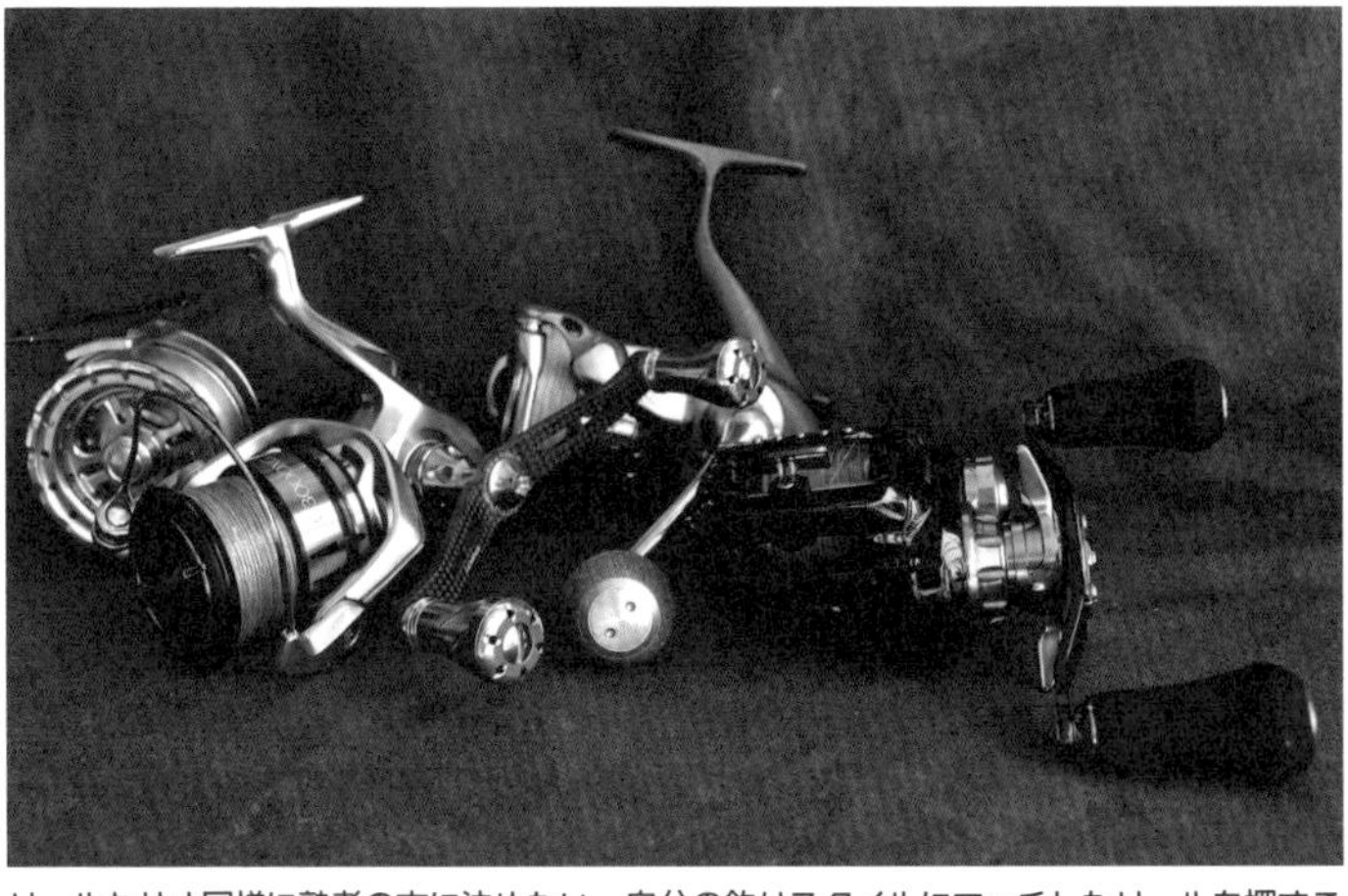

リールもサオ同様に熟考の末に決めたい。自分の釣りスタイルにマッチしたリールを探すことができれば、飛躍的に釣りが快適になる

ルには同じ番手で浅溝と深溝のスプールがあります。リールに巻くラインの種類と号数、そして必要な長さを考えて選びましょう。リールによっては下イトを巻かなくてもスプール溝を底上げできるエコノマイザーがセットされている深溝タイプもあります。また、極めて細いラインを使うエリアフィッシングやライトソルトには、浅溝をさらに浅くできるシールタイプのエコノマイザーを使うとジャストなイト巻き量にすることができます。

▼その他／ラインにヨリが付きにくい構造や、ラインの巻き込みが少ないスプールといったトラブル回避の構造もチェックしたいポイント。気になるベアリングの数は、基本的に上位機種になるほど増えていきますが、最低でもシャフト回りにベアリングが使われているモデルが巻き心地は快適です。また、メンテナンスが簡単なモデルがおすすめです。防錆ベアリングを採用したリールは、水道で水洗いしてから拭き上げてオイルを注《さ》しておけば充分です。シーズンが終了したらメーカーにメンテナンスに出すだけで、長く同じフィーリングで釣りが楽しめます。なお、最近の上級機種はパーツが細かい上に嵌合《かんごう》もシビアなので、解体しただけでバランスが崩れることがあります。

注意したいスプールへのイト巻き

スプールが回転する両軸リールやベイトリール、片軸リールは、目いっぱいラインを巻くとわずかなラインの膨《ふく》らみが原因でシャフトに巻き込むなどのトラブルを招くので、スプール

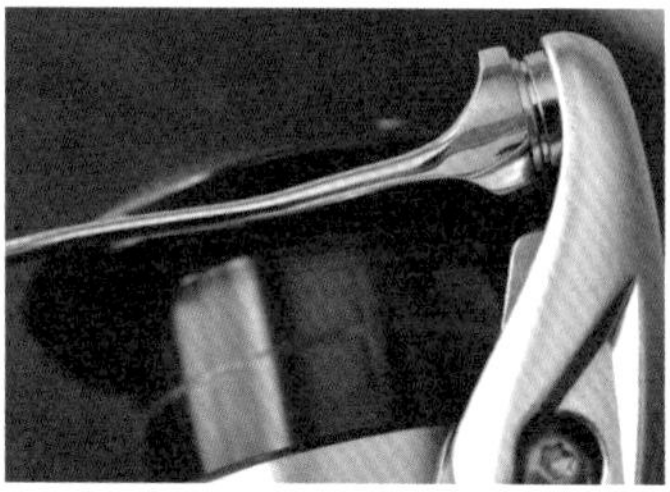

ベイルを手で戻しつつ指でラインをローラーに誘導してからリーリングに移る。このひと手間でライントラブルが激減する

イト巻き量はスプールに表示してある。摩擦抵抗の低いPEラインを直接巻くとスプールで滑ってしまうので、同じ号数のナイロンラインを下イトに2m巻くとよい

エッジから少なくとも1㎜は低くしておきましょう。

スピニングリールはラインを柔らかく巻くとキャスト時にバックラッシュを起こすので、最初は強めに巻くことが大切です。スピニングリールもスプールエッジから1㎜ほど浅めに巻いておくと安心です。リールの扱いに慣れてきたら、エッジの際まで巻いてもトラブルを起こさなくなります。実釣中もキャスト後にハンドルを回してベイルを戻していると、ときどき最初がフワフワの巻きになってバックラッシュの原因になるので、アーム基部のラインローラーにラインを指で誘導しながらベイルを手で戻して巻き始めるとライントラブルが激減します。特に向かい風での釣りはラインがスプールでフケやすいので注意しましょう。

「ラインを使い分ける」

現在使われている主なラインの特性を知る

ラインは釣りのクオリティーを上下する重要なアイテムです。ある程度釣りに打ち込んでいる人なら、魚種や釣り方はもちろん、シチュエーション、そしてロケーションに応じてラインを使い分けています。現在は主に3種類のモノフィラメントとPEラインが使われていますが、実釣でストレスを感じないラインを選ぶことが重要です。高性能のPEラインも強い横風が吹く状況下ではイトさばきもままならず、かえってトラブルが頻発して釣りになりません。シーンにマッチしたラインを使うことが肝要です。

ラインを選ぶときに多くの人は感度と強さをチェックしますが、重要なのはラインがどれくらい魚の重さや引きに耐えられるかを表わす「強度」と「強力」です。強度はラインの太さに関係なく材質が持つ強さを表し、強力はそのラインが耐えられる負荷を示しています。強力は、直線状のラインを引っ張る「直線強力」と、ルアーや仕掛けを結んだときの「結節強力」で分けて考えます。結節強力は直線強力に対してナイロンが70～90％、フロロカーボンが60～80％、PEの場合は40～50％まで低下するといわれます。実釣では結節強力を参考にラインを選びましょう。そして仕掛け操作に影響する比重や伸び率、耐摩擦性、視認性、屈折率なども視野に入れて考えると、より細かく使い分けられるようになります。

最初に使用頻度の高い４種類のラインの特性を簡単におさらいしておきましょう。

▼ナイロンライン／しなやかでクセがつきにくい汎用性に優れるラインです。よく伸びるので掛けた魚が外れにくく、大きな魚を掛けても比較的ファイトが緩和されるなどメリットが多く、エサ釣りでは主にミチイトに使われています。バスフィッシングでは巻きモノ系やトップウオーターの釣りに使われます。同じ号数ならフロロカーボンラインより結節強力で勝っています。比重が小さく仕掛けの潮馴染みがよく、魚が違和感を覚えにくい点も魅力。しなやかなので太い号数でもハリやスナップにしっかり締め込めますが、軟らかいがゆえに傷が入りやすく、吸水性があって強度劣化が早いのが欠点です。紫外線にも弱いので、こまめに巻き替えることを前提に使うならば信頼度の高いラインといえます。

▼フロロカーボンライン／ナイロンに比べて硬くて強さでは劣りますが、耐摩耗性に優れるラインです。屈折率が水に近くて水中で目立たないこともあってエサ釣りでは主にハリスに使われます。ナイロンと伸び率は大して違わないものの「初期伸度」が小さいので感度に優れます。初期伸度とは負荷が掛かってラインが伸びはじめる数値です。アタリや障害物にコンタクトした程度の負荷ではフロロカーボンラインは伸びないので、明確にサオ先に情報を伝えてくれます。傷が入りにくく吸水性もないので経年による強度の劣化は緩やかで、地形

をイメージしながら障害物周りを探るような釣りに威力を発揮します。ラインが重いので風が吹いている場面でも有効です。

▼エステルライン／硬くて腰が強い高感度ライン。以前より投げ釣りの仕掛けに用いられていますが、細い号柄でも感度を損なわないことからアジングやイカメタル、ワカサギ釣りにマッチするラインとして人気です。スプールへの馴染みが悪いのでライントラブルには注意が必要。低伸度のためアワセ切れの危険があるのでショックリーダーを組むのが前提ですが、極めて細いラインを使うアジングはリーダーとの結束に細心の注意が必要です。

▼PEライン／極細のポリエチレン原糸を複数本編み込んだ撚《よ》りイトで、伸び率が3～5％という極端に伸びない圧倒的な高感度が特徴のライン。複数の原糸を撚っているものと撚らずにまとめたものがあり、後者が比較的安価で手に入ります。強度が抜群なので細号柄が使え、遠投を要する釣りや感度を求める釣り、繊細に誘う釣りにもってこい。イト滑りがよいので抜群の遠投性を発揮します。キスの投げ釣りや船釣り、エギング、ジグングなどは、ほぼPEラインが独占しています。伸びないので遠く離れたルアーであっても小さな動作できびきびと動かすことができ、不意のバイトもフッキングに持ち込めます。ただ、あまりに伸びないので衝撃には弱く、ショックリーダーの使用が前提となります。

ほかにもアユ釣りで人気の複合メタルラインやフライフィッシングのフライライン、レイクトロウリングに用いる鉛芯のレッドコアラインなど、さまざまなラインが活躍しています。

ライン別の比較例

種類	比重	吸水率(%)	糸伸率(%)	屈折率	強度
ナイロンライン	約1.14	4.5	23～25	1.53	弱
フロロカーボンライン	約1.78	ほぼなし	20～25	1.42	弱
エステルライン	約1.38	0.4	20～22	1.6	並
PEライン	約0.97	なし	3～5	—	強

種類	結束強力	耐衝撃	耐摩擦	感度	素材
ナイロンライン	強	強	並	低	ポリアミド
フロロカーボンライン	並	並	強	並	ポリフッ化ビニリデン
エステルライン	弱	弱	強	高	ポリエステル
PEライン	弱	弱	弱	高	ポリエチレン

マカロニ状の撚りイトの中心に別素材のラインを通したり、一緒に編み込むなどして腰や比重を高めたPEラインもある

モノフィラメントラインはスプールへの巻き方に特徴がある。写真は高級なラインに多く見られる平行巻き。ラインが潰れない点が魅力だが、巻き取る際にテンションを掛けるために細い号柄は伸びない通常巻きが主流。最近ではフワフワ巻きされたラインがが話題になっている

「ラインは消耗品」

傷ついたラインはカットして結び直す

誰でもアタリを見逃して素バリを引いたり、ハリが外れて魚をバラします。チャンスが少ないときほど焦って打ち返しがちですが、エサを付ける前に必ずハリのチモト周りをチェックしましょう。魚が付けエサを吸い込んだあとは、歯でこすれてラインがささくれたり傷がついていることがあります。強力な歯を持つクロダイだと、ハリ上のラインが噛まれて折れたり潰されることも珍しくありません。歯が鋭いエソやフグも掛けると厄介です。こうして出来た傷はライン強度を著しく低下させ、アワセなどで瞬間的に大きな負荷が掛かると簡単に切れてしまいます。ラインを指でつまみチモトから30㎝ほど傷の有無をチェックし、少しでも不安を感じたら速やかに結び直しましょう。このひと手間が、次に訪れるチャンスをものにできるか否かを決定づけることになります。

釣行ごとのメンテナンスが寿命を延ばす

サオやリールのメンテナンスが当たり前のように、リールに巻いてあるラインもメンテナンスすることで次の釣行が快適になり、ラインの寿命を延ばす効果も期待できます。特に海釣りの場合は、釣りが終わったら必ず真水でラインを洗う習慣をつけましょう。ホームセンターで市販しているペットボトルに取り付ける空気圧縮式のスプレーノズルなら、現場でタックルごと軽く塩を洗い流せるのでおすすめです。

そして、帰宅したら流水で塩抜きを行ないます。ナイロン素材以外のラインは吸水しませんが、ラインの隙間にたまった塩が表面を傷つけるので塩抜きが必要です。リールごとお湯に漬けると塩抜けは早いですが、スプールのグリスまで流しかねません。特にドラグが内蔵されているスピニングリールのスプールはお湯浸け厳禁です。面倒でも空のラインスプールに巻き取ってからお湯に浸しましょう。空のラインスプールをセットしてラインを巻き取る便利アイテムがあると作業が簡単です。リールのスプールに塩が残っていることもあるので、固く絞った濡れタオルなどで内部を拭き取っておくことも忘れずに。

ラインの塩を落としたら、メンテナンススプレー（コーティングスプレー）を塗布して乾かせば作業完了。ラインの滑りがよくなり、撥水性もアップします。ラインの寿命が延びるだけでなく、飛距離が伸びてライントラブルも減ります。また、ラインは新しい段階からメンテナンススプレーを塗布することが長持ちさせる秘訣で、たっぷり吹きかけスプール内側まで浸透させることが大切です。なお、ラインが濡れている状態で吹くタイプと、乾いた状態で吹くタイプがあるので説明書で確認しましょう。

後悔する前に行なうライン交換

ラインはハリ同様に消耗品です。どのラインも使うほどに強度が低下して切れやすくなるので、メモリアルフィッシュを取り逃がして後悔する前に交換しましょう。交換の目安はラインの種類ごとに異なります。吸水性のあるナイロンラインは劣化が早いので、数回の釣行を目安に巻き替えましょう。あまりに長く使うと白濁して太くなり、手で引っ張ると簡単に切れるようになります。フロロカーボンラインとエステルラインは細かい擦《す》れで表面が白っぽくなり、全体にガサついてきたら交換です。また、硬いエステルラインはバックラッシュなどのトラブルを起こして潰れたり折れたりすると、その部分が極端に弱くなるので、現場でカットしながら使いましょう。

ＰＥラインはモノフィラメントラインに比べて強度の劣化が緩やかで、交換のタイミングが分かりづらいかもしれません。なかには何年も使い続けている人もいます。しかし、緩やかでも確実に劣化は進むので過信は禁物です。とりわけ細号柄は傷に弱く、ちょっとしたライントラブルでも切れてしまうので注意しましょう。

交換の目安は毛羽立ちです。ＰＥラインは着色が難しく、初期の発色は見る見るうちに失われます。最近では改善されていますが、それでも新品のＰＥラインを使っているとサオのガイドに染料が付着するくらい簡単に色が落ちてきます。同時にラインを保護するコーティングも剥がれるので、ほどなく強度劣化が始まります。何度か使っているうちに表面が毛羽立ちはじめ、ラインにツヤと腰がなくなってきたら交換の合図です。リーダーを結ぶときにほつれたりするのもラインが傷んでいる状態です。

しなやかでクセがつかないＰＥラインは前後を入れ替えて使うことができます。入れ替えの手順は簡単です。空のラインスプールを2個用意したら、ライン巻き取り機でリールのＰＥラインを空スプールに巻き取り、続いて2個目の空スプールに巻き取ったＰＥラインを移動させます。これでふたたびリールに巻き戻すとラインが逆転し、スプールの内側で眠っていた部分が前になります。未使用の部分は発色も強度も新品と変わらず、前後で使い切ってから交換すれば節約することができます。

スプールへの巻き方も見てラインを選ぶ

多くの人は素材と号数を見てラインを購入していると思いますが、モノフィラメントはスプールへの巻き方にも種類があります。現在は一般的な「通常巻き」に加えて「平行巻き」と「フワフワ巻き」の3種類。平行巻きはラインが規則正しく巻かれているのでイト潰れの心配がありません。ただし、テンションを掛けながら巻くので細号柄は多少伸びの心配があります。一部のバス釣りメーカーやプロショップでは、細号柄でもイト潰れしない手作業で緩く巻くフワフワ巻きを採用しています。ライン購入時の参考にしましょう。

「ラインを正しく結ぶ」

これだけ覚えれば釣り場で不自由なし

釣りで最初に覚えるべきはラインの結び（ノット）です。ハリやルアーはもちろん仕掛けを作る時点で必ず結びが必要になります。結びは実にバリエーションに富み、それだけをテーマに1冊の本が作れるほどですが、実際に釣り場で使うのは個人でせいぜい数種類といったところでしょう。ストレスなく釣りを楽しむためにも、必要な結びを正しく覚えて、目的に応じて使い分けましょう。

主な結びは、ラインにチチワを作るときに使う「8の字結び」、ヨリモドシなど小物類を結ぶときに多用する「クリンチノット（サルカン結び）」と「ユニノット」、ライン同士をつなぐ「電車結び」の4つ。これらはいずれも簡単で適度に強度もあり、最初に覚えるべき結びです。これにハリの章で解説した外掛け結びか内掛け結びを覚えれば、特殊な仕掛けや結びを必要とする釣り以外ではだいたい不自由なく釣りを楽しめます。なお、リールに巻くときはスプールにラインを2周巻きつけてからユニノットで結んで締め込みます。このときできる結び目は、テープを被せることで段差が滑らかになるので引っ掛かりが解消します。

８の字結び／シンプルながら強度のある結び。作ったチチワでサルカンに接続したりミチイトを穂先にセットする

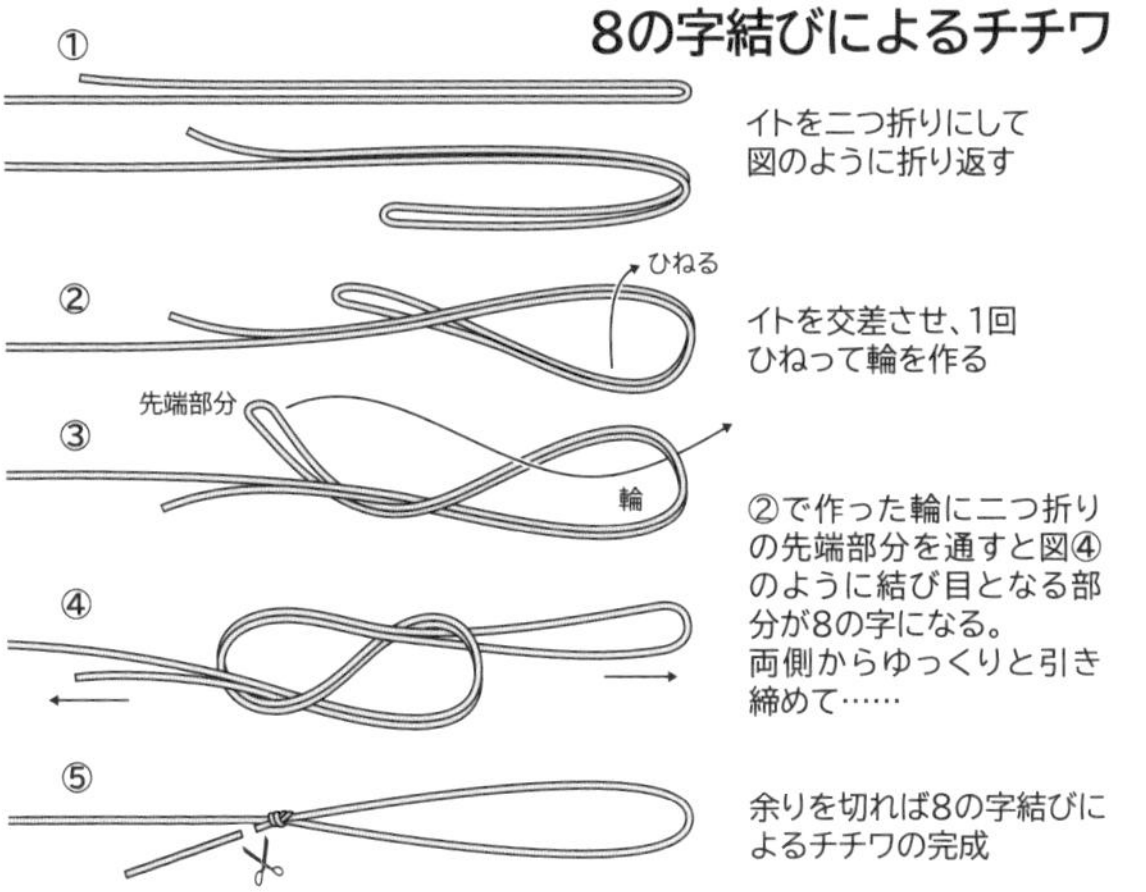
8の字結びによるチチワ
①
イトを二つ折りにして
図のように折り返す
ひねる
②
イトを交差させ、1回
ひねって輪を作る
先端部分
③
輪
②で作った輪に二つ折り
の先端部分を通すと図④
のように結び目となる部
分が8の字になる。
両側からゆっくりと引き
締めて……
④
⑤
余りを切れば8の字結びに
よるチチワの完成

クリンチノット／サルカン、ルアーのスナップ、フライフックのアイなどの金属部分に多用される結び方

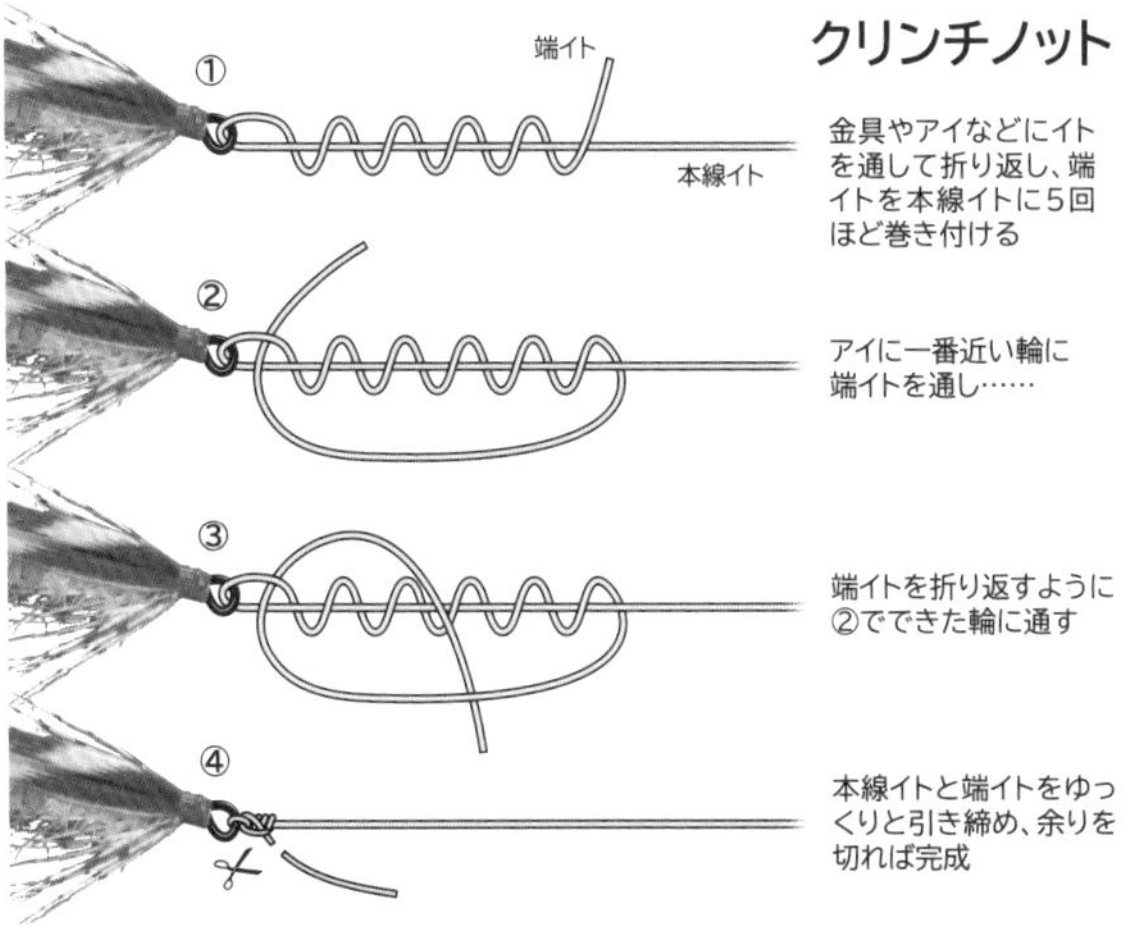
クリンチノット
①
端イト
本線イト
金具やアイなどにイト
を通して折り返し、端
イトを本線イトに5回
ほど巻き付ける
②
アイに一番近い輪に
端イトを通し……
③
端イトを折り返すように
②でできた輪に通す
④
本線イトと端イトをゆっ
くりと引き締め、余りを
切れば完成

ユニノット／クリンチノットよりも簡単で素早く結べる。締め込むときにラインを湿らせることが肝要

ユニノット

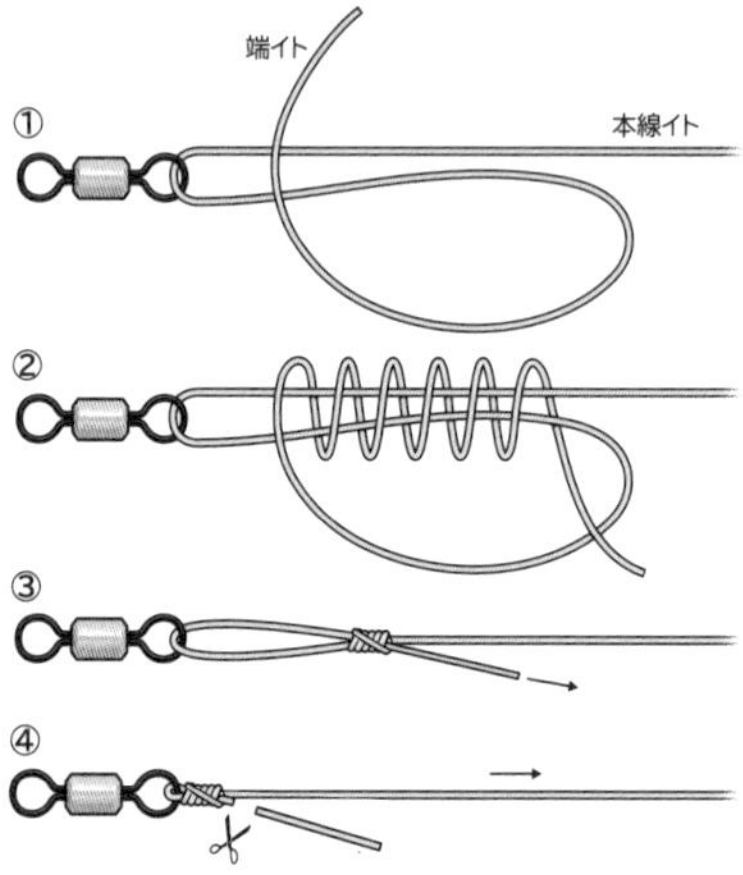

① 金具やアイなどにイトを通して折り返し、端イトを交差させて輪を作る

② 図のように本線イトと端イトに5回前後巻き付けていく

③ 端イトを軽く引き締めて結び目を作る

④ 本線イトをゆっくりと引き締めると結び目が移動していく。止まったところでしっかりと引き締めて固定し、余りを切れば完成

電車結び／イト同士をを直結するときに使う定番の結び方。余ったラインを編み込むと強度が増す

電車結び

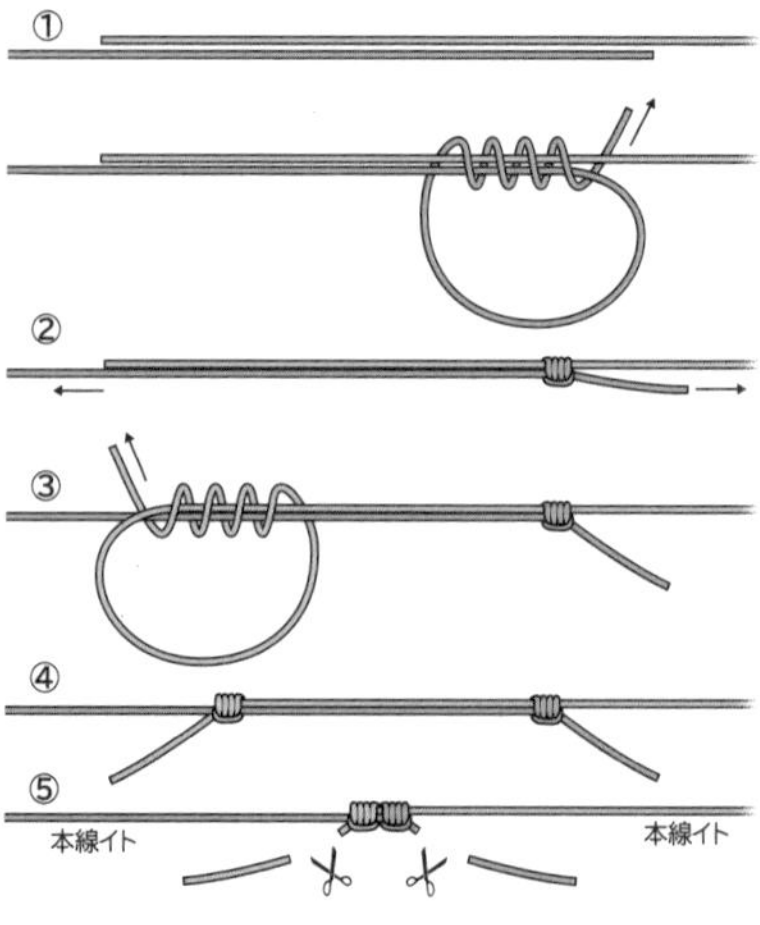

① イト同士を重ね、一方の端イトで輪を作り、輪の中に3～5回端イトを通す

② 結んだイトの端イトと本線イトをゆっくりと軽く引き締めて結び目を作る

③ もう一方のイトも同様に結ぶ

④ 結び目が2つできる

⑤ 左右の本線イトをゆっくりと引き締め、余りをカットして完成

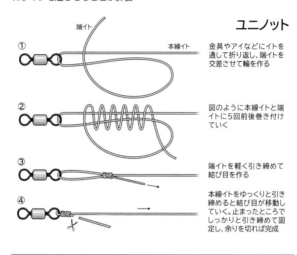

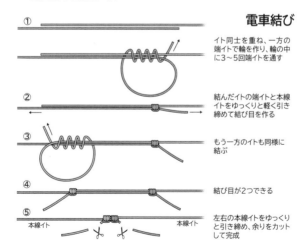

何種類もの結び方を覚えると、強度を踏まえて結びに優先順位を付けることができます。たとえばヨリモドシを結ぶ際にミチイト側を強い結び、ハリス側を上ほど強くない結びで仕掛けを作っておけば、いざ根掛かりしたときに回収できる部分が多くなります。賢く結びを使い分けましょう。

結束強度を落とさない摩擦系ノット

シーバスをはじめエギングやジギングなどのソルトウオーターゲーム全般で必須になっているのが、メインラインにショックリーダーを組み合わせるラインシステムです。より細いラインで大きな魚を釣るために提唱されたこのラインシステムは、多くの釣りでＰＥラインが使われるようになってから一般的になり、今では淡水のルアー釣りやエサ釣りでも普通に使われています。

ラインシステムを組むことでリーダーがＰＥラインの弱点をカバーしてくれるので、キャスト時の振り切れ、フッキングのアワセ切れ、根擦れによるラインブレイク、ルアーやサオなどへのイト絡みなど、さまざまなリスクが軽減されます。さらに太いラインをルアーに直結する場合に比べて飛距離が大幅に伸び、水切れも飛躍的に向上します。

リーダーの太さについてはＰＥラインとのバランスを崩さないことが大切で、メインラインの4倍未満の号数が基本といわれています。たとえば1号のＰＥラインをメインラインに

システムを組むときにラインのテンションを抜かないことが大切。エキスパートはロッドや指を器用に使って手早く仕上げるが、ビギナーはノッター（ノットアシスト）の利用を推奨

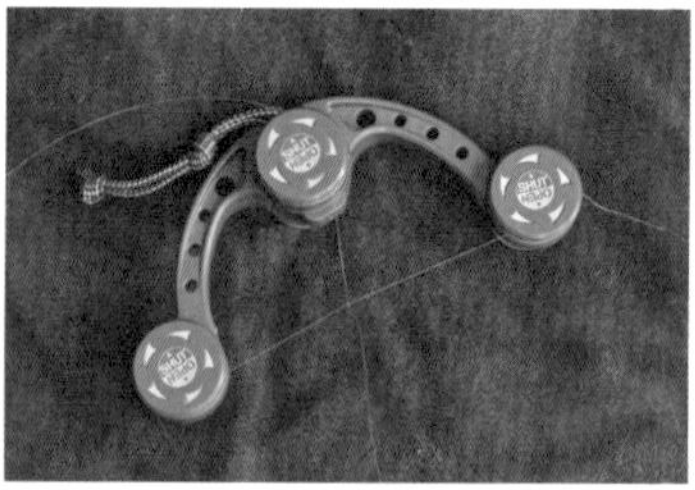

ノッターを使えばビギナーでも確実にシステムが組める

各地で人気のショアジギング。シイラやカツオとのファイトはラインに掛かる負荷も大きいので必ずシステムを組むこと

使う場合は、リーダーに4号を結ぶとメインラインとの結束部（ライン強度100％のノットであればPEラインのどこか）で切れやすく、あらためてシステムを組まなければならなくなります。これが3号のリーダーを結ぶことでルアーとの結束部で切れる確率が高まり、リーダーが回収できてシステムを組み直さずに済むというわけです。

ここで極めて重要なのがメインラインとショックリーダーとの結束方法です。結束部でメインラインの強度を著しく低下させてはリーダーをセットする意味を失うので、できる限りメインラインの強度を落とさない結束方法を用います。ちなみに先に解説した使用頻度の高い電車結びは、結束部の強度がメインラインの50％を切るまで落ちることもあります。

細いメインラインの強度を落とさないために使われているのが、ラインの摩擦抵抗を利用してライン同士を締める摩擦系ノットです。最も普及している摩擦系ノットの一つが「FGノット」で、慣れれば手早く結べて結束部の強度も85〜95％と低下が少なく、多くの釣り人が信頼を置いています。ビギナーの人でも、ノッターと呼ばれる結びをアシストするアイテムを使えば簡単・確実に組むことができます。また、ほぼ100％のライン強度を引き出せる「SFノット」も途中まで行程が同じなので覚えておくことをおすすめします。結び目がFGノットより小さくできるのでキャストする釣りに向いています。なお、締め込む際に補助液やスプレーを使うと強度が安定します。このほか、硬いエステルラインを用いるライトソルトでは「3・5ノット」が推奨されています。

FGノット／ＰＥラインとリーダーを結ぶときに使われる。摩擦で止めるので結び目がなく、ガイド通りが抜群。繰り返しキャストするシーバスやエギングなどで多用される

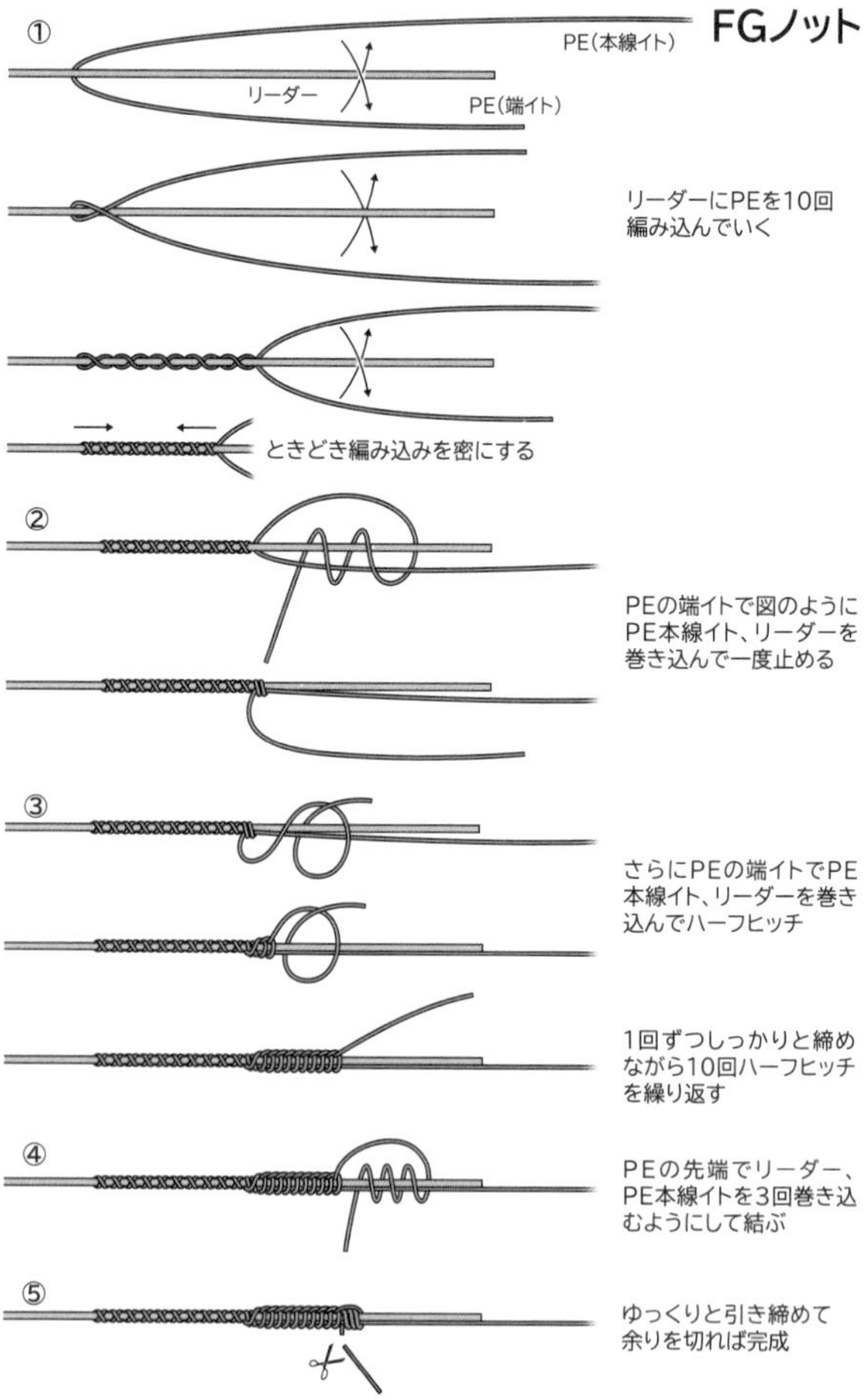

FGノット
①
PE(本線イト)
リーダー
PE(端イト)
リーダーにPEを10回編み込んでいく
ときどき編み込みを密にする
②
PEの端イトで図のようにPE本線イト、リーダーを巻き込んで一度止める
③
さらにPEの端イトでPE本線イト、リーダーを巻き込んでハーフヒッチ
1回ずつしっかりと締めながら10回ハーフヒッチを繰り返す
④
PEの先端でリーダー、PE本線イトを3回巻き込むようにして結ぶ
⑤
ゆっくりと引き締めて余りを切れば完成

SFノット／交互の編み込みはＦＧノットと同じ。リーダーでユニノットをするので結び目はできるものの強度がワンランク上がる。ジギングのような縦の釣りで使う人が多い

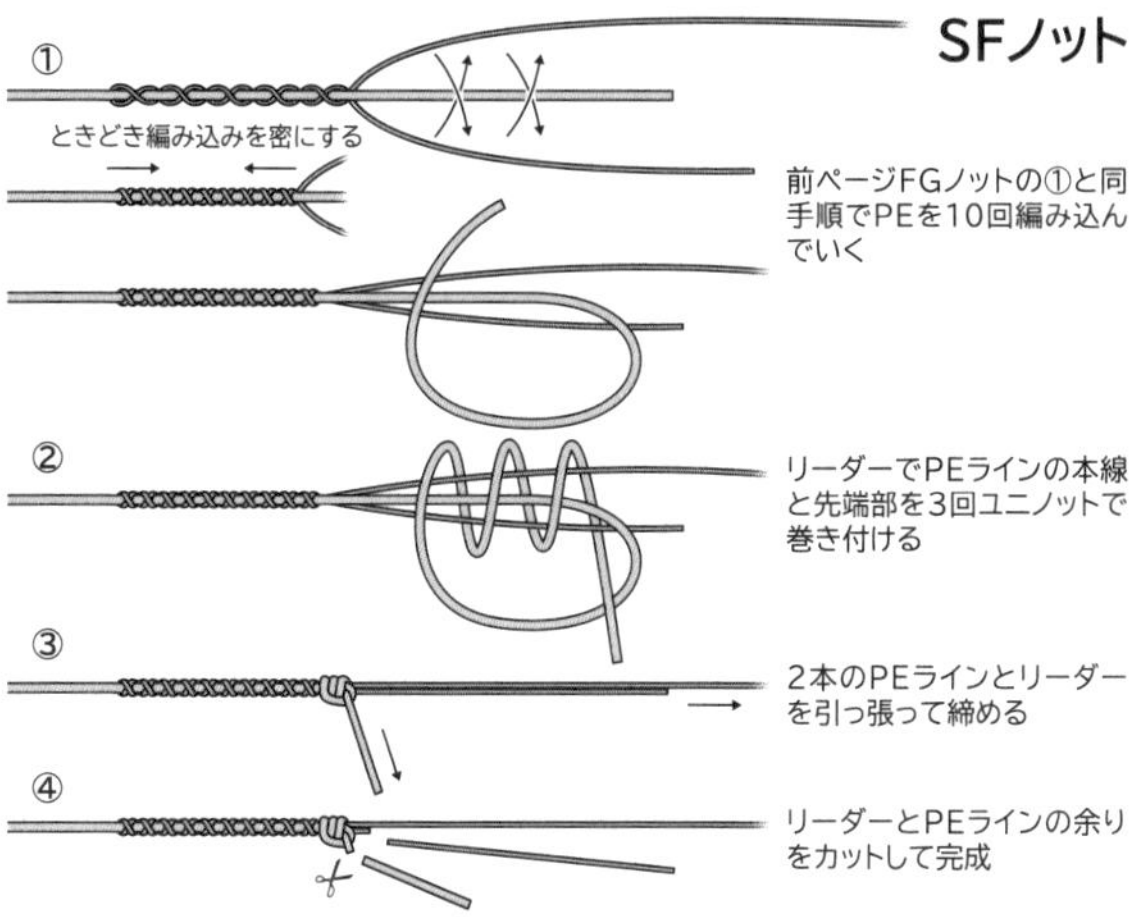
SFノット
①
ときどき編み込みを密にする
前ページFGノットの①と同手順でPEを10回編み込んでいく
②
リーダーでPEラインの本線と先端部を3回ユニノットで巻き付ける
③
2本のPEラインとリーダーを引っ張って締める
④
リーダーとPEラインの余りをカットして完成

3.5ノット／摩擦系ノットに比べると決して強くはないが、アジングに使われる極細エステルラインとリーダーを結ぶために考えられたライトゲーム専用のノット

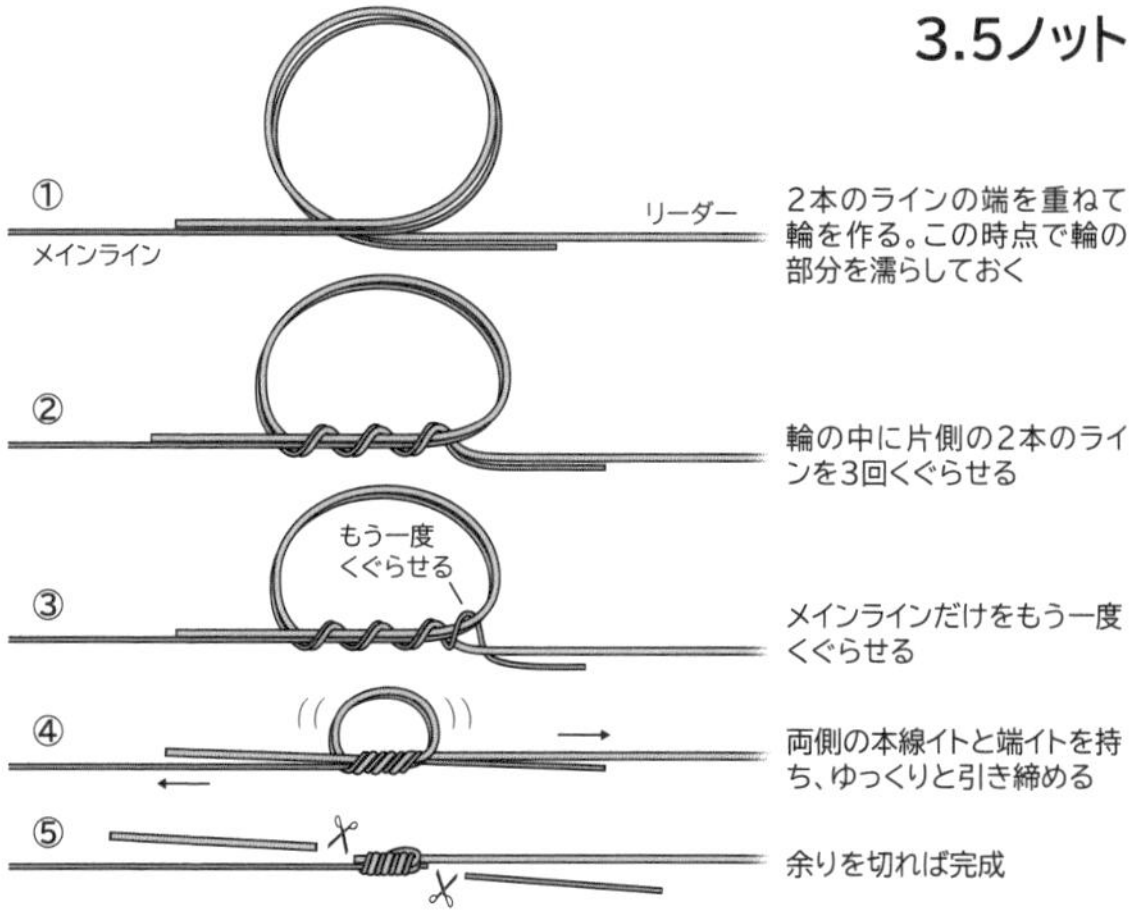
3.5ノット
①
リーダー
メインライン
2本のラインの端を重ねて輪を作る。この時点で輪の部分を濡らしておく
②
輪の中に片側の2本のラインを3回くぐらせる
③
もう一度くぐらせる
メインラインだけをもう一度くぐらせる
④
両側の本線イトと端イトを持ち、ゆっくりと引き締める
⑤
余りを切れば完成

ウキは何でもこなすスーパーアイテム

水面下を可視化してくれる多才なウキ

ウキはアタリを視覚で知らせてくれるウキ釣りに欠かせないアイテムですが、ほかにも潮の動きを伝えたり、仕掛けをポイントに届けるなど、さまざまな仕事をしてくれます。ウキ釣りのなかでもゲーム性の高いウキフカセ釣りには、仕掛けと一緒に沈めていく使い方もあります。浮かないウキは水中で何をしているのでしょう。アタリを取る役割に留まらず、ウキは何でもこなすスーパーアイテムなのです。

ウキといえばウミタナゴやテナガエビのような小ものと相性のよいプラスチックの玉ウキを思い浮かべる人も多いと思いますが、高性能のウキは中身が詰まったソリッドボディーが主流です。桐のような木材や硬質発泡ウレタンなど各種素材をもとに、形状や浮力、大きさ、カラーなど、多種多様なウキが釣具店にズラリと並んでいます。それぞれに個性があり、各自のスタイルに合わせて選べば一層趣きが深まって釣りが面白くなります。

主なウキの役割は、次のとおりです。

▼アタリを感知／ウキ本来の役割です。ウキが沈むのを見てアワセのタイミングを計るなど、

より釣りをスリリングなものにしてくれます。この感度を特化させたウキが棒ウキです。高性能の棒ウキになると、仕掛けの周囲を泳ぐ魚の気配まで伝えてくれます。

▼仕掛けを届ける／ウキの重さを利用して軽い仕掛けを遠くに振り込むことができます。重めのウキを使えば50m以上の遠投も可能です。最近ウキフカセ釣りで話題になっている遠投沈め釣りは、手つかずの沖に仕掛けを超遠投して沖を回遊する警戒心の薄いクロダイをねらう釣り方です。周囲が沈黙するなかで連続ヒットするなど効果は抜群で、重いウキを使った遠投は最近のトレンドです。

▼仕掛けの灯台／釣り人に仕掛けの位置や流れていく方向を伝えます。視認性に優れるウキゴムなどをウキの下にセットすれば仕掛けの角度など、より詳細な情報も分かります。そして、潮に乗ったウキは潮目など魚が群れやすいポイントまで仕掛けを運んでくれます。

▼タナのキープ／固定仕掛けと半遊動仕掛けは、一定のタナに付けエサを流すことができます。同じタナを繰り返し流せるのでアプローチの再現性が高く、魚が口を使うタナが分かれば効率よく数を伸ばせます。ウキ止を使う半遊動仕掛けの攻略範囲は広く、10m以上ある深場でも正確に同じタナをキープしながら打ち返すことができます。

▼地形の把握／ハリにタナ取り用のオモリを付けた棒ウキの半遊動仕掛けを広く打ち返すと、一帯の水深が大まかに分かります。トップが顔を出さない場所は深くなっています。ちなみに棒ウキ仕掛けを流していてウキのトップが斜めになったりスローに沈んでいくときは、カ

ケアガリや根、海草などの障害物に仕掛けを引っ掛けた可能性が高く、地形の変化を示唆しています。魚が居食いしていることもあるので軽くラインを張って聞いてみましょう。

▼**誘いのアシスト**／仕掛けを流しているときにラインを張ると、ウキを起点に付けエサが舞い上がって誘いをかけます。また、付けエサをダンゴで包んで投入する紀州釣りでは、ダンゴが割れて付けエサが飛び出すと、ウキの浮力で付けエサが底からゆっくり浮き上がって誘いをかけます。

棒ウキと円錐ウキの特徴と使いどころを知る

ウキは棒ウキと円錐ウキの2タイプに分かれ、それぞれに特徴があります。

▼**棒ウキ**／棒ウキは細長い本体と目印となるトップで構成され、水面からトップが出た状態でアタリを待ちます。引き込みの抵抗が少ないので感度に優れ、ヘラブナ釣りに欠かせないアイテムです。トップが水面から出ているので、目線が低い砂浜のような釣り場でもアタリを捉えやすいのが特徴です。しっかりタナを取りながら底トントンに付けエサを流したり這わせるクロダイ釣りにも相性抜群です。風と波に弱く、頻繁《ひんぱん》に誘いをかける釣りには向いていませんが、穏やかな内湾の堤防などに腰を据えれば繊細なアタリを体感できます。

▼**円錐ウキ**／アタリを捉える役割よりも、潮に乗って仕掛けをポイントに運ぶアイテムとしての意味合いが強いウキです。主に潮の動きが複雑で足元からサラシが払い出しているよう

な磯で用いられ、中層を立体的に捉えて釣りを組み立てるメジナ釣りに威力を発揮します。風や波があってもウキごと沈めることで釣りを成立させる突破力が魅力です。クロダイねらいに特化した弱浮力ながら自重を持たせた大粒ウキも人気です。なお、ウキを沈めて釣る場面ではラインの変化でアタリを察知するので、視認性に優れたラインを使うことが肝要です。最初から沈むマイナス浮力の中通しウキもあり、水中ウキと呼びます。オモリの役割を果たしながら大きい体積を生かして潮を捉え、仕掛けをポイントに引っ張っていきます。オモリを打った通常の仕掛けに比べて仕掛けに角度を持たせられるので、特に魚が食い渋っている状況下では水中ウキは大きな武器になります。

釣り方の細分化が進んでいるので、棒ウキ、円錐ウキともに軽い仕掛けでも沈み込むゼロ浮力モデルから3号以上のオモリも背負える高浮力モデルまで幅広く揃っています。ちなみに、仕掛けのレイアウトが複雑になりがちなこともあって敷居の高いイメージが強いウキ釣りですが、いずれのウキもリールザオのミチイトに結ぶだけで使える完成仕掛けが市販されています。パラパラと寄せエサを撒きながら打ち返せばビギナーでも釣果率は高く、ターゲットを絞らなければ、堤防で目にするほとんどの魚を釣ることができます。

ルアー釣りで円錐ウキや水中ウキを多用するのがライトソルトです。軽いジグヘッドリグを遠くに飛ばしたり、より立体的なゲームを展開するために使うフロートやキャロシンカーは、これらのウキとコンセプトが非常に近いアイテムです。

棒ウキのイメージ(磯・防波堤釣り)

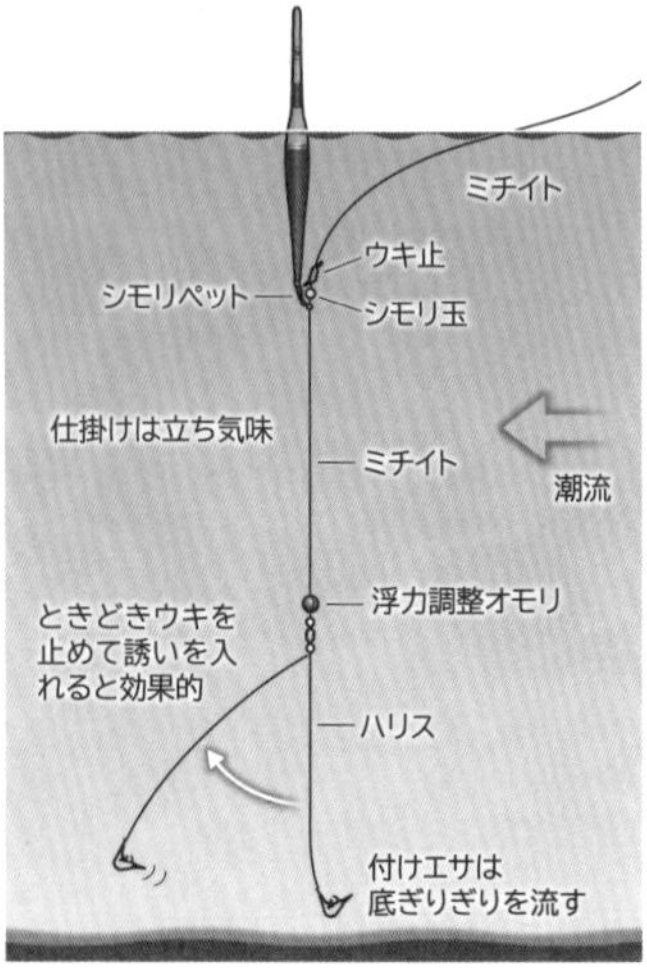
ミチイト
ウキ止
シモリペット
シモリ玉
仕掛けは立ち気味
ミチイト
潮流
浮力調整オモリ
ときどきウキを
止めて誘いを入
れると効果的
ハリス
付けエサは
底ぎりぎりを流す

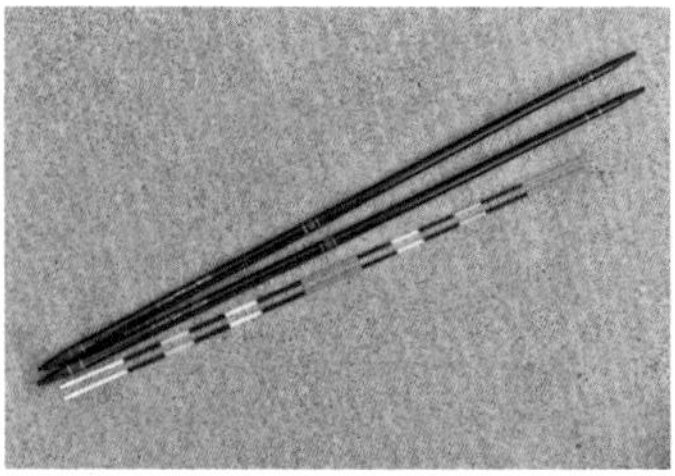

棒ウキには自立式と非自立式がある。自立式の棒ウキは本体の下側にオモリが内蔵されており、単体でも水面に立って浮く。自立式は環付きが多く、主に紀州釣りや渚釣りに使われている。自重があるので小さなアタリはボケやすいものの、優れた遠投性と波気があっても姿勢が崩れにくい安定感は大きな魅力。非自立式は固定式が多く、仕掛けが馴染んでウキに重さが乗ってきたときに初めて起き上がる。ヘラウキがこれにあたる。極めて軽いので感度は抜群ながら遠投性に欠けるのでノベザオでの釣りに向いている

円錐ウキのイメージ

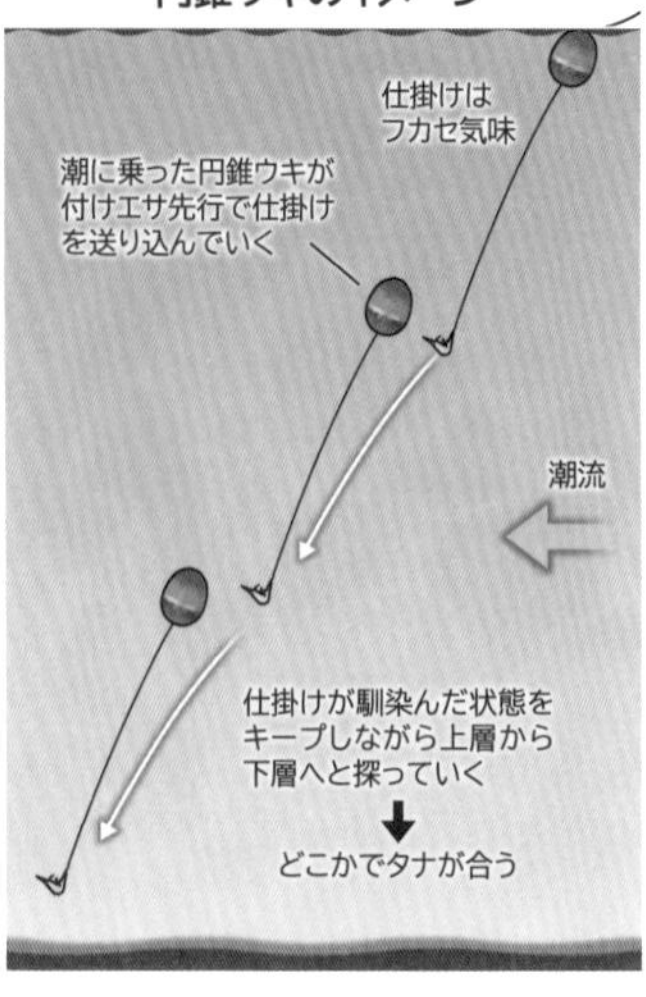
仕掛けは
フカセ気味
潮に乗った円錐ウキが
付けエサ先行で仕掛け
を送り込んでいく
潮流
仕掛けが馴染んだ状態を
キープしながら上層から
下層へと探っていく
どこかでタナが合う

その形状からドングリウキとも呼ばれる円錐ウキには、中通しと環付きの2タイプがある。使いやすいのはラインをウキの中に通す中通しタイプ。外洋の沖磯から湾奥の河口まで場所を選ばない汎用性が特徴。ライントラブルが少ないので、遠投が必要な場面でも仕掛けをスムーズに投入できる。環付きタイプは本体下の環にラインを通すウキ。ラインに触れる部分が少ないので仕掛けの落ちがよく、活性の低い魚に対して抜群の掛かりを見せる

ウキは当日の海を見てから決める

長くウキ釣りをしていると、ハリと同様、ウキもお気に入りばかり使いがちです。しかし本来は当日の海況に合わせた使い分けが必須。たとえば浮力が同じウキでも、その多くは体積や自重が異なります。重いウキは遠投が利き、軽いウキは繊細な仕掛けが使えます。体積の大きなウキは潮乗りに優れているので潮と風が逆方向の場面で使うと抜群で、潮を受ける面積が小さい小粒の円錐ウキは潮が流れている場面で有効です。同じ浮力でも、それぞれ使いどころが異なります。このパズル的要素がウキ釣りの魅力です。

ウキ釣りの仕掛けは固定、半遊動、全遊動に分かれます。釣り場が浅かったり魚が上層で食うときは、ウキを固定したほうが打ち返しが簡単です。仕掛けのレイアウトもシンプルにできるので、ビギナーの人は固定仕掛けで釣りになるような場所を探して釣行するのがおすすめです。深場でタナを決めて流したい場面ではウキ止を使う半遊動仕掛けの出番です。水深が10m以上あるような岸壁で、魚も底近くで食うようなシチュエーションでも、ウキ下をきっちり合わせて底トントンで付けエサを流したり、底に這わせたりすることが可能です。全遊動仕掛けは魚のタナが安定せず、上層から底まで幅広く探りたい場面で有効です。天気が崩れて水温と一緒に魚の活性も下がったような局面では、完全遊動仕掛けでウキごと沈めていく釣り方がマッチします。食い渋っている魚も違和感なく付けエサを吸い込みます。

ウキ釣りの奥義は浮力のコントロール

ウキの残存浮力は、仕掛けが張った時点で渋々（浮力ゼロぐらい）になるようラインにオモリを打って調整します。残存浮力が大きいウキは、波に同調して上下に動いてしまいます。波の山では付けエサを引っ張り上げてしまい、波の谷では仕掛けが張るまでウキにアタリは出ません。これが繰り返されると仕掛けの張りが失われ、アタリが出ない間に付けエサを取られたり、せっかく魚が吸い込んでも違和感を覚えて吐き出してしまいます。ウキが上下動しない浮力を抑えたセッティングが極めて重要です。これを実践するためにも繊細なオモリワークが鍵を握っています。

浮力が0号や00号などと表示された弱浮力のウキは、オモリを打たないような極めて軽い仕掛けと組み合わせて繊細な釣りを展開する場面で有効です。使いやすいのは半遊動仕掛け。仕掛けが潮に馴染んだらゆっくり沈むようにわずかにマイナス調整しておくと、付けエサが取られた時点で沈降が止まるので食わせどころを把握できます。全遊動仕掛けで一緒に送り込んでいく沈め釣りにも効果的です。

なお、きっちり残存浮力を調整していても、干満によって違う潮が差してきたら塩分濃度も変わります。塩分濃度が高まれば浮力が増し、薄まれば沈みが早くなります。仕掛けを見ながらこまめに調整して、常に渋々の状態にしておくことが好釣果につながります。

極めて重要な浮力コントロール

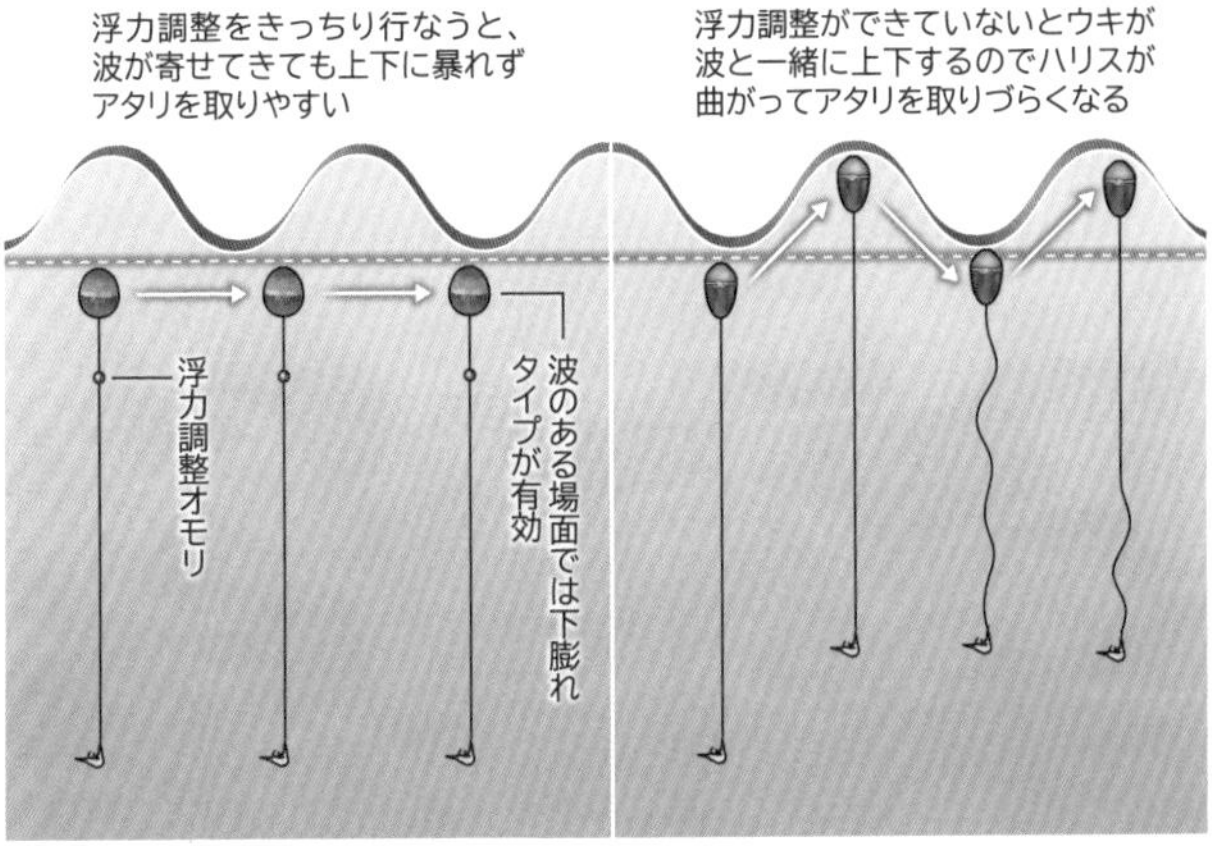
浮力調整をきっちり行なうと、
波が寄せてきても上下に暴れず
アタリを取りやすい
浮力調整ができていないとウキが
波と一緒に上下するのでハリスが
曲がってアタリを取りづらくなる
浮力調整オモリ
波のある場面では下膨れタイプが有効

ウキ釣りはシンプルイズベスト。まずは固定仕掛けでテナガエビやウミタナゴなどで感覚をつかんだら、次に半遊動仕掛けで小アジを釣るといい。いずれもノベザオで手軽に楽しめる。手順を覚えたら寄せエサを使ってクロダイやメジナを釣るウキフカセ釣りにステップアップしよう。抜群のゲーム性に魅了されること請け合いだ

『差のつくオモリ使い』

好釣果につながるオモリの使い分け

どの釣りもオモリの使い方一つで釣果が大きく変わります。磯釣りなどのトーナメントシーンで活躍するエキスパートたちは、オモリで絶妙な張りを演出して次々と魚を釣りあげます。刻一刻と変化する状況に合わせて、オモリの大きさや打つ位置を調整しているのです。仕掛けを交換するなどの手間をかけずとも、オモリの調整で対応できるようになれば、一瞬のチャンスを逃さず釣果をものにできる可能性が高まります。

オモリは魚のいるタナに仕掛けを送り込むために使うほかにも、仕掛けをスムーズに投入したり、仕掛けの浮き上がりを抑えて流れに馴染ませるなど重要な働きをしています。いろいろな役割があるわけですから、オモリの使い方で釣果に差がつくのも当然です。オモリは重さや形状のバリエーションにも富んでいます。それぞれの特徴を理解したうえで使い分けられるようになれば、釣りの幅が確実に広がります。

堤防釣りで使われるオモリといえばシンプルなガン玉です。ラインやハリを挟む切れ込みの入った小さく丸い玉状のオモリで、淡水でも渓流や清流のヤマベなど、いろいろな釣りで

ガン玉のサイズと重さ

号数	G8	G7	G6	G5	G4	G3	G2	G	B	2B	3B	4B	5B	6B
重さ(g)	0.07	0.09	0.12	0.16	0.2	0.25	0.31	0.4	0.55	0.75	0.95	1.2	1.85	2.65

※メーカーごとに重さが若干異なる

オモリのサイズと重さ

号数	0.3	0.5	0.8	1	1.5	2	3	4	5	6	7	8	9	10
重さ(g)	1.125	1.875	3	3.75	5.625	7.5	11.25	15	18.75	22.5	26.25	30	33.75	37.5

オモリは役割が多いので、正しく使い分けて効果を引き出したい

使われます。大きさをG（号）とBで表しており、重さはメーカーごとに多少のバラつきはありますが、最小がG8で最大が6Bというのは共通しています。幅広いラインナップの理由は、場面ごとに繊細な使い分けが必要だからです。最小のG8ともなると簡単につまめないほど小さいですが、仕掛けの微調整には欠かせません。また、小さいがゆえに切れ込みが浅かったり閉じていることがあるので、自宅でカッターなどを使って切れ込みを開いておくと現場でのセットがスムーズです。また、6Bを超える重さのオモリは、1号、2号という表記に変わって（小粒のGを号で表記することもある）形状も多様化します。1号は3・75gという単位です。なので2倍を2号、3倍を3号と表記して、10号で37・5gになります。

極小オモリでも張りを感じる集中力を養う

オモリ使いの基本は、自分がコントロールできる、もしくは重さを感じられる範囲内で、できる限り軽いオモリを使うことです。ちなみにオモリが軽いほど付けエサやルアーが自然に漂う・動くので魚は違和感なく食ってきますが、自分でも分からなくなるほど軽くしてしまうと、今度は仕掛けのコントロールがままならなくなりアタリが遠のきます。この絶妙なバランスがオモリ使いのポイントになります。

繊細なオモリ使いといえば何といってもヘラブナ釣りです。最初にウキのバランスを設定するエサ落ちを決めますが、これはエサが付いていない状態（エサが落ちた状態）でのウキの目盛り位置を決める板オモリを使った浮力調整です。目安としては空バリの状態でウキのトップ全体の3分の2が水面から出るように仕掛けに巻いた板オモリを1㎜ずつカットしていきます。ほんのわずかな違いで釣果が大きく変わるので、まさに釣り人の腕の見せ所となります。わずかな違いを感じられるように釣り人も感度を磨くことが求められます。

オモリの形状がバリエーションに富んでいる代表例はアジング用のジグヘッドでしょう。アジングはジグヘッド単体リグの釣りが基本なので、繊細にワームを泳がせるための形状や、アジが吸い込みやすい形状などが深く研究されています。潮を切る形状、逆に潮受けを意識した形状もあり、使いどころの見極めが肝心です。重さも今ではアンダー1gが一般的になっ

軽い仕掛けでも重さを感じられるようになれば、仕掛けやルアーのコントロールも精度が増す

ており、感覚を研ぎ澄ましたエキスパートは1gを切るジグヘッドに小さなワームを組み合わせて10mほど水深がある沖堤で底を取ります。

バスフィッシングにはミッドストローリングというメソッドがあります。こちらも1～2gという極めて軽い特殊なジグヘッドにワームをセットし、これまた絶妙なテンションで中層をフワフワさせながら探ってくる釣り方です。慣れない人にはほぼワームの存在を感じることができません。エキスパートは風が吹くなかでもきっちりワームをスイミングさせてランカーバスをキャッチします。

より軽いオモリを感じられるように集中力を鍛えることが大きなステップアップにつながります。オモリ使いとは、釣り人の感覚を磨くことなのです。

まとめ　すべてはバランスの上に成り立っている

釣りを楽しむうえで仕掛けとタックル選びがとても大切なことは、ハリの章から読み進めている方にはお分かりだと思います。単に繊細なもの、強いものを選べばよいというわけではありません。細軸のハリに強すぎるラインを結べばハリに負担が掛かって折れやすくなるし、いくら繊細な仕掛けを作っても潮に対してオモリが軽すぎると馴染みません。サオからハリに至るまでのバランスが極めて重要です。高性能のウキを使ったり、高感度のラインを巻いても、バランスが崩れていては何の意味もありません。タックルはバランスが決め手です。適材適所を踏まえつつ、釣果を重視するなら「魚」側から、釣趣に重きを置くのであれば「人」側からセッティングしていくとスムーズに決まります。

魚が主役なら付けエサから考えましょう。エサに合わせてハリを選び、続いてハリにマッチしたハリスを選ぶという順でサオまで選んでいきます。直接魚に触れる部分から決めていくと、タックルが原因のバラシが減ります。ただし、この理論だとエサを変えるたびにタックルを丸ごと交換しなければならなくなりますが、そこはハリやオモリなどを駆使して調整するわけです。ボートのバスフィッシングのように、リグごとにセッティングしたタックルを何本も並べて置き、手早く持ち替えるスタイルが理想ではありますが、オカッパリではそうもいきません。仕掛けのバランスを調整して状況に対応する術を身につけましょう。もちろん自分が釣りたいタックルというのもあるでしょう。釣りは遊びですから自分を主役にして、このリールを使いたい、このルアーで釣りたい、といった考えも当然アリです。楽しめなければ集中力も削がれます。釣果か釣趣か。これはケースバイケースです。ボウズだけは避けたい日があれば、とことん釣趣にこだわって釣果は二の次という日があってもいい。自分の気持ちにタックルは寄り添ってくれます。

しかし、前提としておきたいのは「掛けた魚は取り込む」ことです。ハリが外れるならまだしも、ライン切れは魚の口にハリを残してしまいます。こうした事態を極力避けるためにもタックルのバランスが重要なのです。逃がしたのがメモリアルフィッシュだった……なんてことにならないよう、少しでもキャッチ率を上げるセッティングを考えましょう。

現在の釣りは感度を重視したジャンルが人気です。高感度ということは伝達効率に優れているのと同じなので、タックルは全体的に硬くなります。高感度のタックルは力の逃げ場が少なく、ラインが劣化していたり結び目が不完全といったほころびがあると、負荷が掛かった瞬間に思わぬトラブルが起こります。後悔しないためにも日頃のタックルメンテナンスと現場でのチェックを怠らないようにしましょう。ヒューマンエラーは回避できます。ライン切れが多い人は今一度釣りの原点に戻り、ビギナー時代に使っていた適度に曲がるサオと伸びるラインを組み合わせて使ってみると、また違った世界が見えるかもしれません。

釣りとは、絶妙なバランスの上に成り立っているのです。

アタリの出るタイミングとゾーンを把握する

どの釣りにもアタリが出やすいタイミングやシチュエーションがあります。そのチャンスをねらって演出したり、ていねいに釣ることができるようになれば、釣果率は大幅にアップします。たとえばバスフィッシングでは、障害物に当たったプラグが平打ちしたり、ウイードに引っ掛けてシェイクしていたジグヘッドリグが外れた瞬間にブラックバスが反射的に食いつくことがあります。このリアクションバイト（反射食い）をねらってエキスパートたちは故意にルアーを障害物に当てたり引っ掛けたりします。大型のベッコウゾイやアイナメをねらうハードロックフィッシュゲームでは、ワームが障害物をクリアした直後のフォールが極めて重要です。慣れない人は根掛かりを回避するためワームを持ち上げてカーブフォールさせますが、それではワームは岩から離れて着底します。根魚は岩の際に潜んでいるので、よほど食い気がないとそこまでは出てきません。エキスパートは障害物をクリアした瞬間にサオを倒してテンションを抜き、岩に沿ってワームを真下に落とします。

他の釣りでもチャンスに気づけていないケースは多々あります。たとえば地形変化。多くの人はカケアガリを重視しますが、その逆は疎《おろそ》かにしがちです。キスの投げ釣りなどでは、カケアガリの頂点から下りにかけて仕掛けの引き抵抗が軽くなるので早く巻きがちです。しかしそこで粘る人こそが数を伸ばすのです。わずかな気づきで釣果がアップするので、自分の釣りスタイルを振り返ってみましょう。

第3章

名手に学ぶ

「名手の集中力を取り入れる」

競技会で勝ち上がる常連組は日ごろから努力している

エキスパートはなぜ人よりも多くの魚を釣ったり、大型を手にするのでしょう。シンプルにその釣りに精通していることが大きな理由ではありますが、とにかく動作に無駄がありません。そして、何気ない仕草一つにも意味があります。すべてはねらった魚を釣るための振る舞いなので、所作を理解して自分の釣りに取り込むことができれば、レベルを大幅に引き上げることができるはずです。もちろんテクニックに関しては簡単に真似できるものではありませんが、真摯に取り組む姿勢など今からでも実践できる部分は多々あります。名手に学んでレベルアップを目差しましょう。

多くの釣りでメーカーや団体が主催する大規模な大会が開催されています。それらの競技会に参加するトーナメンターは当然ながら結果にこだわり、そのために大会を想定した練習を重ね、地方予選やブロック大会を勝ち上がり全国決勝大会に駒を進めます。プロ選手にビギナーが挑んで勝ち続けるスポーツは存在しませんが、魚の機嫌と場所次第という運の要素も絡む一発勝負の釣りでは何が起こるか分かりません。そんな偶発性にも左右されるジャン

磯釣りの大会は渡る磯も抽選で決まる。特に参加者の多い地区予選はクジ運に大きく左右されるが、それでも名手は勝ち上がってくる

ルにもかかわらず、名の通ったトーナメンターたちは好成績を維持しています。それには才能に恵まれるだけでは無理で、見えないところでの日々の積み重ねがあってこそ。たとえばバストーナメントは大リーグのように実力でカテゴリーが分かれ、トップクラスで戦うバスプロたちの努力、戦略は計り知れないものがあります。

有名なプロアングラーに「どうやって人よりも魚を釣る技術を身につけたのか？」と質問したところ、「日常生活でいかに効率よく練習するか日ごろから考え実践しています。あらゆるスポーツは練習を積み重ねて上達していくものですが、釣りは遊びの延長線上にあるので釣り場以外で練習する人は希です。だから精力的に練習しています」とのことでした。地道な努力が結果につながっていくのです。たとえばピッチングやフリッピングといったショートレンジのキャスト練習なら陸上でも可能です。バスフィッシングのオカッパリで護岸沿いにルアーを撃っていくスタイルならば、キャスト回数が増えれば釣果率もアップします。魚を釣るために練習することは、内容やレベルに応じて誰にでもできることです。今の自分に何ができるかを考え、普段の生活に取り入れてみてはどうでしょうか。実際にサオをださなくても、より強いノットの練習や手首を鍛えるトレーニングなど、工夫次第で出来ることはたくさんあります。地道なトレーニングを重ねることでフィールドでのモチベーションも上がっていきます。

もちろん名手はフィールドでの努力も怠りません。まだ魚探の性能が現在ほど優れていなかった過去の話ですが、今も現役の某バスプロは、トーナメントで勝つためにウイードが薄くなる厳寒期にフィールドへ繰り出し、ボートの上から硬いノベザオで底を延々と小突いてウイードの下に隠れているストラクチャーを探したそうです。感触を頼りに素手で作業したせいで凍傷になりながら、その年のトーナメントでは見事に上位入賞を果たしています。またコンスタントに60㎝近いブラックバスをオカッパリでキャッチする有名アングラーは、冬に潜って岩の形状をチェック。バスが身を潜めそうな割れ目などを見つけたら、どの位置からキャストすれば気付かれずに割れ目の前にルアーを通すことができるかなどをシミュレーションするそうです。結果を出していく名手たちは根本的にスタンスが違うようです。

常に仕掛けを入れておくことこそ名手の釣り

5年前の12月中旬、ユーロスタイルのカープフィッシングを日本に持ち込んだ福安佳秀さんを取材しました。釣行したのは奥琵琶湖。夜から雪予報ということもあって一発勝負の取材でした。冬は数こそ望めないものの大ゴイとの遭遇率が一年で最も高まるとのことでしたが、鉛色の雲が低く垂れ込み、時折り突風が吹いたり雨粒が激しく打ち付けるなど、とてもコイが釣れそうな状況ではありません。気温も正午の時点で1℃しかなく、集中力の維持すら困難な状況でしたが、朝から福安さんは湖岸に釣り座を構えて静かにアタリを待っていました。並の釣り人なら心が折れそうですが、エサを打って息を潜めます。

すると午後2時を回ったところで空を覆っていた雲が流れ、暖かい日差しが降り注いだのです。先ほどまでざわついていた湖面は鏡のように凪《な》いで対岸には大きな虹の橋が架かりました。福安さんは「夕方にコイが動きますよ」と回遊を信じて疑いませんでした。そして、太陽が大きく傾き山にかかろうかというタイミングでロッドホルダーにセットしたラインが弾かれ、バイトアラームが鳴り響いたのです。木陰から飛びだした福安さんは急いでサオを手に取り、時間を使って慎重にファイト。やがて丸々と太ったメーター級がタモに収まり、あまりにドラマチックな展開に驚かされました。それからほどなく太陽は山に隠れて日没。最後の最後で会心の1尾を出せたのも、あきらめることなく仕掛けを投じていたからです。

日没10分前にメーター級のコイをキャッチして取材は見事に成立。魚影の多い琵琶湖・南湖に入らず、湖北で勝負する思い切りも吉と出た

午後に天候が回復したとはいえ、気圧がそれほど上がった感じではなかったのが奏功した。記憶に残る１尾となった

釣りに臨む姿勢と、驚異的な集中力の賜を目の当たりにした思いでした。

カープフィッシングに限らず、エサが付いた仕掛けが入ってさえいれば何かが起きるかもしれません。生き物を相手にする釣りでは、それが何より大切なのです。折れない心に技術は必要ありませんが、実践するのは容易ではありません。たとえ一日通してアタリひとつなくても、サオを置くまで集中力を途切れさせることなく釣り切ることができるようになれば、すでに上級者の仲間入りをしていることでしょう。

集中力を養えばステップアップ

福安さんの話でも分かるように釣りには集中力と粘りが必要です。ちなみに一般的な大人が1回に集中できる時間は15分とされ、インターバル5分を挟みながらの3セット、つまり1時間が限界ともいわれます。これにならって仕掛けを1時間打ち返したところで、お茶を飲むなど長めの休憩を挟んでリフレッシュしましょう。そして頭をクリアにして、ふたたび1時間集中して打ち返します。この繰り返しで集中力が長く持続できます。

ほかにも集中力を持続させるために実践できることは多々あります。まずは実釣前にタイムスケジュールを組んでおくことです。海なら事前に現地のタイドグラフを見て勝負どころを想定し、「どこから釣るか」「どんな順序で探るか」「いつまで粘るか」などをあらかじめ決めておく。そうすることでオン・オフの切り替えがスムーズに行なえます。体力は無尽蔵ではありません。期待値が低い時間帯にダラダラと粘ってしまうと、勝負どころで集中できなくなります。そしてストレスを感じるタックルを使わないことです。体力の消耗が著しい重いタックルや、あまりに繊細で使いこなせないタックルなどは、脳が拒絶するのですぐに集中力が切れてしまいます。普段から使い慣れた手に馴染むタックルを使いましょう。

集中するためには、タックルケースや釣り座をすっきり片付けておくことも有効です。散らかった環境に身を置くと目から入るノイズ的な情報が多く、脳が情報処理に追われ、あっという間に疲れてしまいます。なるべく身の回りをきれいにしておきましょう。ちなみに夜釣りで手の感覚が冴《さ》えるのは、目から入ってくる情報が減って脳にゆとりができるからです。夜は脳にかかる負担が少ないので集中しやすい環境といえます。

また、集中したい場面で行なうルーティンを決めておきましょう。お茶を飲む、グローブをはめ直す、首の運動をするといった決まった動作がスイッチになり、集中モードに切り替わりやすくなります。気分を切り替えたいときにもルーティンは役に立ちます。たとえば、釣れなくてイライラを感じ始めたら手を洗ってリフレッシュすると自分で決めておくと、素早く立ち直ることができます。糖分の補給もかねてチョコレートを1片食べるルーティンがおすすめです。スムーズに糖をエネルギーに変えるビタミンB1を豊富に含む豚肉を一緒に食べると一層の効果が期待できるので、釣り場では必ず焼肉や生姜焼き弁当を食べると決めておくと、プラシーボ効果も相まって集中できるかもしれません。

どうしても集中できないときは、割り切って長めの休憩をとることをおすすめします。気持ちは高ぶっていても釣り場への道中で身体に疲れがたまっていることが多いので、腰を下ろして弁当を食べたり、軽く横になってリセットしましょう。無理に頑張っても疲れが蓄積するばかりです。疲労感が強いときは、短時間の仮眠をとるとすっきりします。

前日の睡眠時間の確保が重要

集中力を高めるためには、睡眠時間の確保が重要であることは誰もが知っています。しかし、釣行前日は期待で気持ちが高ぶるので、どうしても眠りの質が低下します。おそらくほとんどの釣り人が多少寝不足の状態で釣り場に向かっていることと思います。ここを改善できれば、釣り場で集中力を発揮できるようになります。

まずは心地よく眠りに就くために心身ともにリラックスすることが大切です。体温が下がってくると人間は眠くなるので、お風呂に浸かって身体を暖めてから2時間くらいで布団に入るとスムーズに眠ることができます。タックルの準備は、必ずお風呂の前にすませておきましょう。そして、せめて寝る1時間前にはスマホやテレビを消しましょう。脳を興奮させないように努めることが翌日の集中につながります。布団に入る前の軽いストレッチも効果的です。首を伸ばしながら胸を張ると、呼吸が楽になって眠りやすくなるようです。しっかり眠れた日の釣行は驚くほど頭がクリアなので、ぜひ実践しましょう。

名手の釣行プランニング

大いに役立つ過去の釣行データ

年間釣行日数が50日を超えると昔から釣りキチと呼ばれたりします。会社や学校のある一般の人が50日を超えるのは、よほど釣り場が近くない限り達成は難しいところです。しかも大半の人が釣行日を選べないサンデーアングラー。貴重な休みを使っての釣行ですから、少しでも条件に恵まれたフィールドへ繰り出したいところでしょう。その行先をどこにするかも悩ましいところですが、釣行データをつけているとスムーズに釣り場を決められます。名手をはじめ魚をよく釣る人の多くは詳細な釣行データをつけており、天気や海況と照らし合わせて高い確率で釣れそうな場所にエントリーしています。

釣行データは人それぞれまとめ方こそ違いますが、たとえば海なら釣行日の天気や潮回りなどと併せてタイドグラフに釣果のあった時間を書き込んでおくと実用性が高まります。マップにヒットポイントや潮の流れなどを書き込んでおけば申し分ありません。こうした詳細な釣行データを参考にして、より多くの好条件が重なっている釣り場にエントリーするだけです。釣行データを書いていない人は、さっそく次回から記録をつけましょう。

過去に好釣果を上げた日のデータと同じ条件が揃う日に釣行すれば高い確率で釣果に恵まれる。ヒットした時間とタイドグラフを照らし合わせれば時合のタイミングも読める

そして、釣行データと照らし合わせるのが当日の天気。サイトごとに予報が若干異なるので、複数のサイトを参考にして総合的に判断しましょう。風向きを見て横から風を受ける場所を避け、正面もしくは背中から風を受けるエリアを選択します。なお、風を正面から受けるか背中から受けるかの判断は、ねらう魚に釣り方、時期によっても変わります。正面からの風を嫌う釣り人は多いようですが、波気立つので手前が濁りやすく、エサも吹き寄せられるので魚の活性が高まります。特に濁りを好むクロダイやキビレは、向かい風になる釣り場がねらいめです。ブラックバスも捕食体勢に入っている個体は風が当たる側に入ってきます。

ちなみに堤防からのエギングはＰＥラ

インをさばきやすいので向かい風がおすすめです。背中から風を受けると餌木は遠投できますが、ラインが舞い上がりやすく操作性に欠けます。これがサーフエギングになると足場が低いので背中から風を受けるほうが有利になります。同じように投げ釣りも背中から風を受ける場所が有利です。海洋情報のチェックも忘れないように。黒潮などの海流と表層水温などを過去の釣行データと照らし合わせて適水温のエリアを探しましょう。

こうして選んだエリアから目ぼしい釣り場をピックアップ。釣行データのタイドグラフのヒット時間を確認しておおよその勝負どころを推測し、余裕を持って釣り場へ向かいます。釣りエサ店やルアーショップに立ち寄る場合、釣り場に近い大型店はジャンルごとに精通するスタッフが在籍し、情報量が豊富。自分が知りたい情報も高確率で持っています。ここ数日の釣況やエサ取りの有無などの最新情報を入手しましょう。

釣り場に到着したら我先に釣りを始める人がいますが、はじめに必ず釣り場全体を冷静に観察しましょう。潮の動き、風や波の当たり方、人の混雑具合などをチェックして、有望なポイントを探します。普段は期待できない場所が本命になっているかもしれません。逆に見た目に釣り場の条件が悪ければ、タックルを準備するまでもなく移動を選択します。名手は一度もキャストせずに移動することも珍しくありません。

以上のようにサオを振る前から釣りは始まっています。少しでも高い確率で釣れる場所に入ることが何より肝心です。ここをクリアできれば、もう半分は釣ったも同然です。

「名手の釣りに触れる」

偉大な先駆者たちの恩恵を受ける

今でこそ船釣りのなかでも高い人気を誇るイカメタル。15年ほど前に若狭から三国にかけての日本海で人気に火がつき、あっという間に全国に広がりました。仕掛け人はイカメタル伝道師の呼び名でお馴染みの岩城透さんです。当時まだ漁具だった鉛スッテをラインの先に結んだだけのシンプルなタックルでケンサキイカを釣る、ライトスタイルを提唱したのです。草分け時代は専用タックルもなく協力的な遊漁船も少なかったのですが、釣り人は高感度の穂先でアタリを捉えて1パイずつ掛けていくゲーム要素の強いイカメタルを歓迎しました。手軽で面白く、腕が上がれば数時間で50パイ以上釣れるとあって大ブレイク。今では釣り方の細分化が進んでタックルも充実し、鉛スッテはスタイリッシュなメタルスッテに姿を変えて人気を不動のものとしました。

人気のジャンルも黎明期《れいめい》はニッチな存在です。イカメタルをはじめティップランエギング、タイラバなども比較的新しいジャンル。高性能なＰＥラインが普及してサオの製造技術も進化したことであらゆる釣りが深掘りされ、曖昧《あいまい》だった釣りの感覚的な部分が可視化されてき

夏に絶大な人気を誇るイカメタル。しっかり誘ってケンサキイカにスイッチを入れて、穂先に出る微妙なアタリを逃さず掛け合わせる。「釣れた」ではなく「釣った」を堪能できる。タックルの高性能化が進んで、イカメタルなどゲーム性を重視したジャンルが人気を博している

釣って楽しく食べて美味しいケンサキイカの魅力を広めた岩城さんをはじめとする先駆者たちの功績は大きい。名手は時代にマッチした釣りを創造する

岩城さんは敦賀沖でソデイカ釣りの振興にも尽力している。イカメタルのシーズンが終わってから楽しめるので、これも人気が出そうな雰囲気だ

ました。そして名手の試行錯誤で続々と新しい釣り方が編み出され、それに対応する釣り具が登場。この四半世紀で釣りは目覚ましい発展を遂げて現在に至ります。偉大な先輩アングラーの開拓精神のおかげで今の快適な釣りが成り立っているわけです。完成度の高いタックルが簡単に手にできる現在、名手たちが創造した釣り方をなぞれば質の高い釣りが堪能できます。これからもゲーム性に富んだ釣りが生まれては釣り人の心をつかんでいくことでしょう。名手の恩恵を享受しましょう。

エキスパートの釣りはじっくり見て勉強する

メーカーや釣具店が主催する、著名アングラーや名手を招いて一緒に釣りが楽しめるイベントは、ステップアップの大チャンスです。名手が目の前で実演してくれるのですから、タックルを置いてじっくりと釣りを見ましょう。一挙手一投足も逃さないようにチェックし、少しでも疑問を抱いたらすかさず質問。必ず明確な回答が返ってきます。

以前、講演会は満員になるのに実釣会はビギナーの参加希望者が少ないとある名手が言っていました。講演会は幅広い層に向けて話をするので、ビギナーには難しい内容だったりすることもしばしばです。実釣会なら、その場で疑問に思ったことを質問できるので自分に合ったアドバイスを受けられます。ビギナーの人こそ実釣会に参加するべきです。上達を目差すビギナーの人に名手はていねいに教えてくれます。

まとめ　小さなことから実践する

釣りと真摯《しんし》に向き合う名手たちに学ぶべき点は山ほどあります。もちろん経験に相応しい百戦錬磨のテクニックや逆境を打破する引き出し、繊細かつ大胆な仕掛けのバリエーションなどは一朝一夕でマスターできるものではありません。実釣テクニックは、これから時間を使って一つ一つ自分のものにしていきましょう。

一方で、名手の釣行を見習い今からでも実践できることも多々あります。日ごろの釣行で心掛けるだけでも釣りの質が向上するので、積極的に取り入れましょう。

▼目標を持って取り組む／エキスパートが大会に向けてトレーニングを重ねるように、「今年は○○釣法をマスターする」などと具体的なテーマを決め、達成に向けて何をすべきか考えながら釣りに取り組む。釣行計画も目標に沿って立てる。

▼自宅で可能な練習を実践する／ピッチングの練習や筋力トレーニングなど釣り場に行かずとも日ごろの生活のなかで出来ることを日課にする。

▼コンディションを整える／前日の睡眠時間を確保するため準備を早めにすませる（習慣化するのがベスト）など、当日の釣りに支障をきたすような行動を慎み体調を整える。

▼タイムスケジュールを組む／釣行データとタイドグラフを参考にして、どのように釣りを組み立てていくかをあらかじめ決めておいて勝負どころで集中する。

▼条件の揃った釣り場に入る／釣りに慣れるまでは同じ場所に通い続けることも大切だが、コンスタントに釣れるようになってきたら天候や海況に合わせて釣り場を選ぶ習慣をつける。日ごろからフィールドを開拓して場所のストックを増やしておくことが肝要。

▼釣り場をていねいに観察する／釣りを始める前に全体を大きく見てフィールドのコンディションを把握する。芳しくないようなら、ためらわず移動する。

▼釣行の詳細を記録する／その日の釣行を振り返りながらできる限り細かく情報を残し、釣れた理由や釣れなかった原因を分析して、次回に生かしていく。小さいことでも積み重ねて実践していくことが大切です。そして、名手のように魚を見つける力を養いましょう。サイトフィッシングが得意なアングラーは、いわれても分からないほど微妙な影も見逃しません。

しかし、面白いことに釣り方や魚が変わると、そこまでの発見能力を発揮できなくなります。これが経験値です。長く経験を積んできたジャンルは、魚の付き場やルアーとの距離感などが脳内にインプットされているので、より鮮明に可視化できます。キャスト精度などの技術も大切ですが、足繁く釣り場に通ってサオをだしていると徐々に魚が見えるようになります。もちろん釣果率も上がります。それくらい一つの釣りを掘り下げてみましょう。普段から一緒に出掛ける仲間がいるなら、ライバルとして切磋琢磨すると一層効果的です。お互いの釣りを俯瞰《ふかん》的に見てアドバイスし合えば、より早くステップアップできるに違いありません。

ネコリグとワッキーリグで異なるワームの刺し方

バスフィッシングで多用される定番のネコリグとワッキーリグ。どちらもストレート系ワームの中ほどをマスバリにチョン掛けする非常に近いレイアウトなので、同列で語られることが多いリグですが、使い方が全く異なるので刺し方に違いがあります。

ネコリグは縦刺しにします。ワームに対してハリ軸が平行になり、ボディーをすくうようにセットします。頭側からテイル方向に抜くとハリ先が上を向きます。シンカーを埋めた頭を下にワームが立ち、底をつつく小魚を演出するには、この刺し方が理に適っています。また、キャストやバイトによって起こるワームの身切れを防ぐため、5㎜幅ほどのシリコンチューブ（専用のネコリグチューブ。Oリングタイプもある）を被せてからフックをセットする人は必然的に縦刺しになります（ワッキーリグに対応した横にフックを通す穴の開いたネコリグチューブもある）。

ワッキーリグはボディー全体が水の抵抗を受け、くの字に曲がったり戻ったりしやすいよう横掛けにします。いわゆる一般的なチョン掛けです。ノーシンカーもしくはマスバリの代わりにジグヘッドを使うこともあります。クネクネとアクションさせながら中層を泳がせたりフォールで誘うので、ワームの自由度が大きいチョン掛けが適しているというわけです。

同じようなレイアウトでも誘い方が変われはワームの刺し方も変わります。意識していなかった人は使い分けてみましょう。きっと釣果が変わるはずです。

第4章

好釣果のキーワードはタイミング

「シーズナルパターンで見るタイミング」

魚の状態と自己スタイルがかみあうポイント

エキスパートは頻繁《ひんぱん》に「タイミング」という言葉を口にします。なかには「釣りはタイミングがすべて」と言う人もいます。このタイミングが差しているものを探っていくと、好釣果のヒントが隠されています。

以下、クロダイを例にタイミングを解説していきましょう。クロダイは定住性の強い魚なので一年を通して釣れますが、季節や海況に応じて浅場と深場を行き来しています。大きな流れとしては、水温の安定している深場で冬をやり過ごし、春を迎えて水温が上昇に転じると、抱卵した大型から浅場に上がってきます。まだ水温が低くてエサ取りが少ないうえに産卵を控えて荒食いするので、一年で最も大型を釣りやすい時期、いわゆる乗っ込みシーズンです。そして梅雨が明けると食欲旺盛な小型が浅場に群れるので、サイズはバラつくものの数が釣れます。越冬明けの春に比べて体力的に充実しているので釣り味は最高ですが、大型よりも先に小型が食ってくる展開に苦戦を強いられることもあります。秋が深まると越冬を前にふたたび荒食いが見られ、充分に体力を蓄えたところで順に浅場から近い深場へと移動します。

これが一般的なクロダイの大まかなサイクルです。この一年を通した行動パターンをシーズナルパターンといいます。シーズナルパターンを覚えておけばクロダイが今どういう状況にあるのか推測できますから、釣り方や釣り場を絞り込めます。

ちなみにシーズナルパターンという言葉がいち早く一般的に使われるようになったのは、バスフィッシングです。ブラックバスも季節の移り変わりとともに行動パターンや付き場が変化しますが、その行動を見越して釣りをすれば一年を通して楽しめます。水温や水質、溶存酸素量、風、日照などの条件がより多く揃っている場所、もしくはエサが豊富な場所にブラックバスは身を寄せます。これらの情報を元にシーズンの行動を推理していくのです。

さて、話を戻しましょう。まず「一年」という長いスパンで見た場合、クロダイが釣りやすいタイミングとはどこでしょうか。やはり一番は春の産卵期でしょう。深場から上がってきたばかりで警戒心が薄く、産卵を控えて貪欲《どんよく》にエサをとり、越冬明けなのでサイズに対して引きが弱いなど、どれも釣り人にとって有利に働きます。50㎝を超える年無しとの遭遇率も高く、自己記録更新をねらう人にとっては間違いなく春がタイミングです。その一方で、数釣りに燃えている人なら梅雨明け後、釣趣を重視する人ならば盛夏から秋にかけてが絶好のタイミングといえます。

つまり、求めるテーマによってタイミングは変わります。肝心なのは自分のスタイルとホームグラウンドにシーズナルパターンを落とし込むことです。

春に産卵を意識して浅場に差してくる乗っ込みシーズンは各地でクロダイの朗報が飛び交う。エサをたらふく食べて丸々と太っている個体は春ならでは。このタイミングに大勢の釣り人がフィールドに繰り出す

乗っ込みが始まると続々と新しい個体が沖から入ってくるので１ヵ月ほど釣れ続く。一年という長いスパンで見れば、最も熱いタイミング

乗っ込みの個体は越冬明けということもあって動きが鈍く、細い仕掛けでも掛けたら取り込める確率が高い。入門するチャンスでもある

アンテナを張ってタイミングを把握する

自然のなかで生存競争を繰り広げているクロダイですから、環境の影響を受けてシーズナルパターンには普通にズレが生じます。乗っ込みにスポットを当てた場合も、例年4月中旬に深場から大きな群れで上がってくる地域があるとして、前後2週間はズレることが珍しくありません。ちなみに一斉に沖から入ってくるわけではなく、気の早い先発隊は1ヵ月前から浅場に姿を見せ、逆に大きく遅れてくる個体もいます。このタイミングのズレを把握するためにも、常にアンテナを張っておくことが重要です。

エサが豊富な地域だったり、火力発電所の温排水口などに近い場所では、浅場に居残る大型の個体が少なくありません。浅場で越冬できる条件が揃っている大規模な港湾部などはその傾向が強いようです。こうした浅場で過ごしている居着きの個体は全体に深い焦げ茶色で、乗っ込みが本格化する1ヵ月ほど前からポツポツ釣れ出します。これが乗っ込みのタイミングを教えてくれる目安になります。なぜなら居着きと乗っ込みでは明らかに体色が異なるからです。深場から入ってくる個体は淡い緑を背中にまとった美しい銀色で、ひと目で居着きと違う魚であることが分かります。釣果情報を見ていて明らかに魚のコンディションが異なる美しい個体が釣れ始めたら、乗っ込みの群れが入ってきた合図です。このタイミングを見逃さない釣り人が恩恵にあずかれるというわけです。

春先に三保半島の真崎海岸で乗っ込みを待ち伏せすると高確率で年無しが食ってくる。適当に出掛けても釣れるわけではないので、しっかりタイミングを見計らうことが肝心

もちろん乗っ込みシーズンだからといって、どこでサオをだしても釣れるわけではありません。産卵場を目差して沖から入ってくる群れが通る釣り場にエントリーすることが極めて肝心です。クロダイがめっぽう多いことで知られる静岡県清水港の場合、駿河湾から清水港の折戸地区を目差して大規模な群れが入ってきます。このとき三保半島先端の真崎海岸をかすめるように通っていく個体が多いので、乗っ込みの第1陣が通過するタイミングでエントリーすると高確率で年無しが食ってきます。ちなみに群れは上げ潮の流れに乗って入ってくるので、タイドグラフを見て群れをねらい撃ちできた釣り人が釣果に恵まれています。

エキスパートは常にアンテナを張っているのでチャンスを逃しません。好釣果を上げるためにも見習いましょう。すべての鍵はタイミングです。

地域ごとに生じるタイミングのズレ

　当然ながら温暖な九州と寒冷地の東北では乗っ込みの時期が大きくズレます。乗っ込みが始まるタイミングを追いかけて日本列島を南から北上していけば、2ヵ月以上楽しむことも可能です。さらに同じ地域でも湾口と湾奥では2週間から1ヵ月のズレが生じることがあります。たとえば伊勢湾口で乗っ込みクロダイが釣れだしてから1ヵ月ほど経過して、ようやく伊勢湾奥の知多半島でも釣れ出すといった具合です。伊勢湾奥には木曽川、長良川、揖斐川という大河川が流れ込んでいるので水温の上昇が遅れることが要因の一つと考えられます。湾奥には名古屋港と四日市港という巨大な工業港が控えており、温排水絡みのエリアでは居着きのクロダイが釣れるので混同しないように注意が必要です。

　このようにクロダイの春にだけ注目しても全国各地でさまざまなタイミングがあります。もちろんマグロからハゼにいたるまで、あらゆる釣魚にシーズナルパターンが存在しており、とりわけ美味しいタイミングをエキスパートは熟知しているから好釣果に恵まれるわけです。余談ですが30年ほど昔は、春になるとクロダイの大きな群れが九州から北海道に向かって北上し、冬になると南下していくと勘違いしている人が多くいました。カツオのような回遊魚ではないので、あくまでも浅場に近い深場から上がってくるだけです。今でこそ信じる人もいませんが、四半世紀という時を経て釣り人の知識も増えてきているようです。

「天気と海況に見るタイミング」

必ず訪れるチャンス。満潮と干潮、マヅメ時

一日という限られた時間のなかでも天候や海況は目まぐるしく変化します。そして必ず訪れるチャンスゾーンが、光量が大きく変化する朝夕のマヅメ時、満潮からの下げ、干潮から上げる潮の変わりめです。特にマヅメ時は、多くの釣り人が朝夕どちらかを意識して釣行していると思います。今はインターネットで検索すれば釣り場ごとの天気予報とタイドグラフが調べられます。堤防や岬周りは潮の向きが変わると反転流の位置なども大きく変わるので、必ずチェックしてから釣り座を決めましょう。

一般的に、大潮回りが有望とされるのはマヅメの時間帯に満潮が重なるからですが、日の出・日の入りと干満の時間を照らし合わせると、夜が明けてきた時点ですでに下げ潮が利いていたり、まだ上げ8分だったりと、地域と時期によって大きく状況が異なります。事前に分かっていればタイミングを外すこともなく、釣りの組み立てもスムーズになります。

マヅメ時と潮変わりは必ず訪れる絶好のタイミングです。少しでも長くチャンスゾーン内で釣りができるように釣行の計画を立てましょう。

メリットが多い向かい風を嫌わない

風の変化は釣況に大きく影響します。風は天気予報から1時間ごとの風速や風向きなど精度の高い情報が得られるので、こまめなチェックを怠らないようにしましょう。どの釣りも風を正面から受けると釣りにくく感じますが、向かい風こそ積極的に釣りたいシチュエーションです。特に高水温期は波立つので溶存酸素濃度が上がり、酸素が取り込まれることで水温も下がります。そして海面を漂うプランクトンが手前に吹き寄せられるので目の前で食物連鎖が起こりやすくなります。

岸壁では風波が打ち付けてカニやカラス貝などが落下し、溜まったプランクトンを食べにベイトフィッシュも群がるので、クロダイやシーバスなどの活性が一気に上がります。海面に浮いたプランクトンが足元に吹き寄せられると茶色い膜が海面を覆うので釣り人の気配を消すブラインドとなり、魚の警戒心が薄れるというオマケ付きです。太平洋高気圧が張り出す夏の午後は強い南風が吹くので、東西に伸びる堤防の南向きがねらいめです。落とし込み釣りやクロダイゲームのエキスパートは、この瞬間的なブーストが掛かるタイミングを捉えて短時間で10尾、20尾という爆釣劇を満喫しています。

高水温期の向かい風はメリットが多く、好釣果に恵まれる確率も高いので積極的にエントリーしましょう。ライトタックルのジグ単や胴突き仕掛けの探り釣りでは、ハタ類やカサゴ、

静岡県の浜名湖では夏の午後に南風が吹くと浅場でクロダイやシーバス、マゴチなどの活性が上がり、ソフトルアーで連続ヒットとなることも

アイナメなどの根魚も入れ食いになります。これ以上ない夏のタイミングです。

また、秋から冬にかけて沖にボートで繰り出してティップランエギングやタイラバ、ライトジギングなどを楽しんでいると、それまで冷たかった風がふと温《ぬる》く感じる一瞬があります。これは釣り場の風上に暖かい潮が差している可能性が非常に高いので、わずかでも変化を感じたらすぐに風上を目差しましょう。潮目を通過したら表層の水温を確認し、水温が上がっている潮筋を見つけたらチャンスです。低水温期はわずかな水温上昇でも魚やイカにスイッチが入るので、風が教えてくれるチャンスを見逃さないようにしましょう。逆に風が冷たくなったら同じように冷たい潮が差してきたことを意味しているので、大きくエリアを変えたほうが結果に結びつきやすいです。

日差しの恵みは浅場で受ける

冬の釣行で一時的に暖かくなったタイミングで魚の活性が上がり、立て続けに釣れた経験はありませんか。低水温期に水温が上昇すると魚が動くことは、実際に釣りをしていると感覚的に分かることと思います。第3章で取り上げた奥琵琶湖でのコイ釣りの話にもあるように、寒い日に縁側で日向ぼっこする人間と同じように魚も適水温のエリアを求め、体が暖まったらエサを食べます。

こうした行動は基本的に浅場をテリトリーとするブラックバスが顕著です。ゆったり流れる小規模河川や野池の浅場は水温が上がりやすく、晩秋から初冬にかけて穏やかな小春日和に恵まれると、水深が1ｍを切るような浅い泥底に差してきて、太陽の熱を水中に伝えやすい枯れアシや雑木などに身を寄せます。浅い場所に入ってきているブラックバスは活性が高く、ミノーなどのサーフェイスプラグにアタックしてきます。浅場はルアーとブラックバスとの距離も近くなるので反応は良好です。サニーサイドの超浅場を探っていけばメモリアルな1尾を手にすることができることでしょう。

厳寒期でも風がなくて水温が6℃以上あれば、トップウオータープラグにブラックバスはアタックしてきます。しかも、もれなく体力のある大型です。もちろん反応するとはいえ低水温期ですからストラクチャーへの付き方はタイトで、慎重にルアーを送り込む集中力が求

厳寒期でも時折りポカポカ陽気の日がある。そんな日は驚くほど浅い場所でブラックバスが食ってくる

もちろん地域によって差はあるが、関東から東海にかけてのフィールドならば、水温が6℃あればトップウオーターゲームが楽しめる

められます。アプローチの難易度こそ高いですが1尾を手にしたときの達成感は大きいので、陽気に恵まれたらサーフェイスプラグをケースに詰め込んでフィールドに繰り出してみましょう。厳寒期は人も少ないので人気ポイントも空いています。

実釣時の雨は爆釣スイッチ

多くの魚にとって夏は適水温をオーバーします。水温が下がっている朝マヅメのみ浅瀬で摂餌して、太陽が昇ると深場に移動するケースも少なくありません。そんな厳しい夏の実釣中に降りだす雨は恵みです。風と状況が被りますが、雨が降ることで水温が下がり、雨粒が水面を叩くので水中の溶存酸素量が増え、魚にスイッチが入って浅場で活発にエサを口にします。しかも雨が降る日は波紋で気配を悟られにくくなり、魚との距離も縮められます。ちなみに前日から降り続いている雨よりも、実釣中に天気が急変して降りだす雨のほうが、気圧の変化と相乗効果が見込めるので、より明確に魚の活性が上がります。

一般的に雨を嫌う人が多いので、雨が降りだすと釣り場が空いて釣りやすくなります。雨の日のデメリットは濡れることとくらいなので、積極的にフィールドに繰り出しましょう。ただし雷注意報などが出ているときは別です。確かに夕立ちはチャンスですが、雷が鳴った時点でサオを置いて休憩しましょう。帯電してラインが空中に舞い上がったりサオから火花が飛んだりしたら悠長に道具を片付けている暇もなし、すぐさま安全な場所に避難です。

低気圧の接近に伴い気圧が下がってくるときは爆釣モードに入りやすいです。気圧が下がると水面を押さえつけている圧力が弱まるので水圧も減少し、水圧が減ると対応力の弱い小魚が海面に浮き上がり、シーバスやブラックバスなどフィッシュイーターの活性が一気に上がります。分厚い雲に覆われて光量も落ちるので魚の警戒心も薄まります。ただし、低気圧の接近は場所によっては水況が荒れてくるので、むやみにフィールドへ立ち込むのは危険です。安全マージンを確保したうえで釣りに臨みましょう。台風接近時の釣行などは論外です。

高気圧が張り出した快晴の日は、よく絶好の釣り日和といわれますが、魚を釣ることを考えると最も釣りにくい条件であるといわざるをえません。潮まで澄んでいたら絶望的な状況です。小サバやハゼといったエサ側の魚であればさほど気にしなくても釣れますが、クロダイやスズキなどの食物連鎖で上位に位置する魚たちのほとんどは食い渋ります。大型魚の活性が低いから、小ものたちが元気に動き回るとも考えられます。釣りは魚の活性が上がる気圧の谷をねらって山をかわすことが大切です。

なお、秋以降の気温が下がってきているところに低気圧がもたらす冷たい雨は魚が食い渋るパターンですが、火力発電所の温排水などの恩恵を受けるエリアなら全く心配はいりません。雨の恩恵がプラスされるので、好釣果に恵まれる確率は高まるばかりです。

以上のことから分かると思いますが、釣りをしている最中にもエキスパートが口にするタイミングは何度も訪れます。「タイミング」とは「チャンス」です。大切なのはチャンスを見逃さないことです。常に環境の変化に気を使い、好釣果を手にしましょう。

スマホを活用してタイミングを図る

リアルタイムの海況や雨雲の接近などはスマートフォンで確認できる時代です。エキスパートは積極的に活用しています。場所移動の判断材料にもなるので、今の海洋情報が分かるアプリケーションを入れておくことを強くおすすめします。水温変動に関しては0・3℃の変化で活性が上下するアオリイカねらいに非常に役立ちます。人間にしてみれば気にするほどの差ではないように思いますが、少しでも暖かい潮が差しているエリアに移動するだけで釣果率は跳ね上がります。エギングをはじめランガンが基本の海のルアー釣りシーンでは、多くのエキスパートが頻繁にスマホを取り出しては概況をチェックしています。現場での情報収集能力は、もはやテクニックの一つなのです。

余談ですが、釣果をスマホで撮影してSNSにアップすると、たとえ位置情報を公開していなくても、特徴的な建物や高圧線の鉄塔などが写り込んでいると場所を特定されやすいのでナーバスなターゲットや釣りの場合には注意が必要です。大勢の釣り人が訪れてポイントが潰れたり、立入禁止になったケースもあります。魚の体型や魚体に付着している水草の種類などからも地域は絞られます。釣り場を失ってから後悔しても遅いので慎重に写真を取り扱いましょう。

「ベイトパターンに見るタイミング」

捕食しているベイトに合わせて連続ヒット

普段は汽水域の泥底に生息するイソメ類が一斉に海面に泳ぎだす、春先のバチ抜けをはじめとするベイトの産卵絡みの集団行動は、シーバスを筆頭に多くの魚にとって労せず栄養を蓄えられる一大イベントです。特に深場での産卵を終えて浅場に戻ってきたばかりの疲労困《こん》憊《ぱい》モードのシーバスにとって、遊泳力の弱いイソメ類は格好のエサにほかなりません。主に都市型河川の河口では、日ごろの警戒心が嘘のように水面を割って激しく捕食している光景を目にします。こうしたフィッシュイーターが特定のエサを捕食している状況をベイトパターンと呼び、高確率でヒットする絶好のタイミングになります。

もちろん所々でボイルしているバチ抜けに遭遇したからといって、適当にルアーをキャストしてもヒットは望めません。イソメ類を夢中で捕食中のシーバスに対しては、バチ専用ルアーを使うことが鉄則です。エサの湧き方や派手なボイルなど見た目のインパクトが強烈なので忘れがちですが、ベイトパターンはルアーやフライフィッシングの基本でもある「マッチザベイト（ハッチ）」で攻略します。ここを逸脱すると釣果に天と地ほどの差が生じます。

マッチザベイトとは、誰もが知っているようにターゲットが捕食しているエサにルアーをマッチさせることです。このマッチの理解が攻略の鍵を握っています。ビギナーは見た目のフォルムを本物そっくりに似せたルアーを結びがちですが、シルエットや波動を似せたほうが効果的であることが多いようです。国産ルアーは見た目からリアルなルアーが多いので迷ってしまいますが、重視すべきはシルエットであり、アクション、そして波動でしょう。ちなみに「シルエット」は黒く塗りつぶした影絵でいう輪郭を差し、「フォルム」は立体的な形状を意味しています。

大切なのは捕食しているベイトの大きさとシルエットにルアーを合わせていくということです。カラーとサイズで迷ったらサイズを優先しましょう。たとえば15㎝ほどのイワシを捕食している局面で、15㎝のピンクカラーと20㎝のイワシカラーのルアーが手元にあるなら、15㎝のピンクカラーから結ぶのがセオリーです。どちらも15㎝なら、よりフィールドのイワシにシルエットが近いルアーを選びましょう。もちろんカラーに関しても重要な選択肢ではありますが、スイッチが入っているシーバスに対しては、そこまで気にする必要はありません。ちなみにバチ抜けは夕方の満潮からの下げに発生します。常夜灯が近くない限り一帯は暗いので、見やすいパールホワイト系のバチミノーがおすすめです。

また、リスクを負うことなく簡単に食べられる生き物が大量に発生している局面がベイトパターンだと解説しましたが、普段のシーバスはハク（ボラの稚魚）やコノシロ、ハゼといっ

シーバスアングラーが大いに盛り上がるバチ抜け。ビギナーでも釣りやすいタイミングは、１月から３月にかけて河口で見られるヤマトカワゴカイのバチ抜け

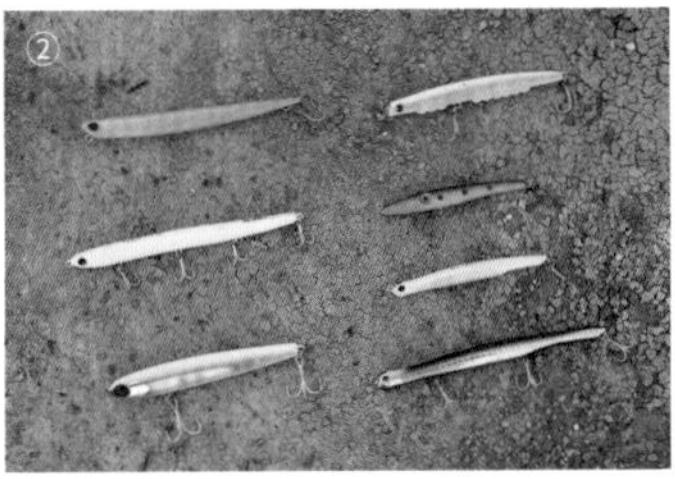

①シーバスをはじめ、魚たちは生き残りをかけて必死にエサを探して就餌する。体力を使わず安全に、そして効率よく捕食できるという点からも、バチ抜けに夢中で捕食しているのは当然だ
②バチ抜けが確認できたら必ずバチミノーをキャストしたい。使い方は簡単。ポイントの奥にロングキャストしたら、サオを立ててスローにリトリーブさせるだけ。アピールは弱めながら引き波がシーバスを誘う

た比較的遊泳力の弱い魚をいろいろ捕食しているので、完全なマッチザベイトは成立させづらいようです。フィールドで見えているベイトの大きさを意識しながら、ルアーをローテーションさせて反応をうかがいましょう。

絶大な人気を誇るホタルイカパターン

地域ごとに特徴的なベイトパターンがあり、なかでも富山湾のホタルイカパターンは大いに盛り上がります。たとえ釣れなくてもホタルイカをすくってお土産にできるとあって遠征組も多く、全国からアングラーが訪れる春限定のベイトパターンです。タイミングでいうと新月の大潮回りが高確率。上げ潮と風に乗ってホタルイカが大量に打ち寄せると、ほぼすべての魚がホタルイカしか食べない状況になります。キャッチした魚の腹はカサゴですらホタルイカではち切れそうなほど膨らみ、魚体からはイカ独特の匂いがするほどです。

静寂に包まれている海岸にホタルイカが接岸すると、雰囲気が一変して大ボイルとなります。ひざ下程度の深さしかない波打ち際にホタルイカパターン用のルアーを漂わせると、ランカーシーバスや尺超えメバル、年無しクロダイが飛び出してきます。ただし、ホタルイカが接岸しないとかすりもしないので必ず天気予報を見て風向きをチェックし、ホタルイカが打ち上げられそうな海岸を選ぶことが肝心です。ちなみに大潮回りではなくても大量にホタルイカが湧くことがあるので、足繁くフィールドに通えるアングラーはチャンスです。

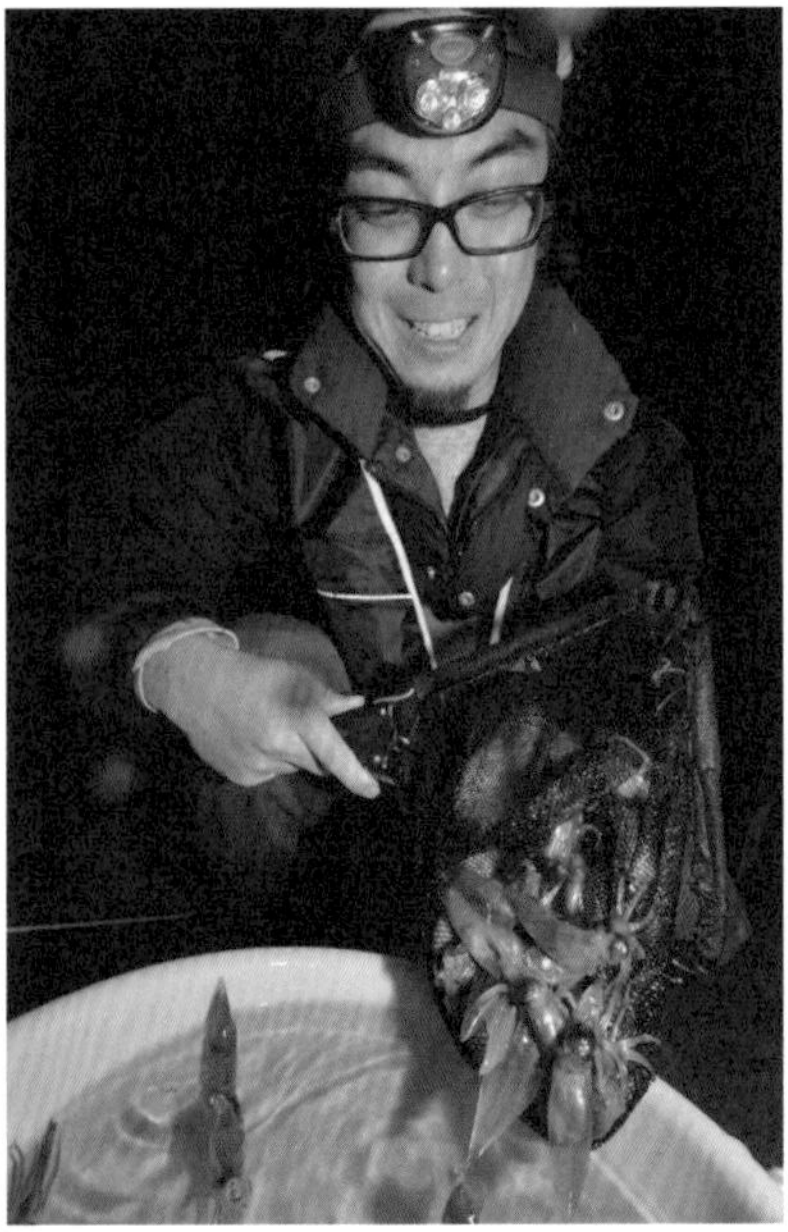

富山湾の東岸には春になると大量のホタルイカが打ち寄せられ、ここぞとばかりにクロダイやシーバス、メバルの食いが立つ。エサ釣りもこの時期ばかりはホタルイカが特効エサになる。すくって持ち帰ってもいいお土産だ

なお、どんなベイトパターンでも釣りやすいわけではありません。たとえばマイクロベイトパターン。とりわけシラスやアミを偏食するシーバスの攻略難易度は相当に高いようです。小粒のミノーをスローに巻くだけでは食わないことが多く、レンジを変えたりアクションの異なるルアーにローテーションさせながらヒットパターンを探っていきます。なかなか面倒ではありますが、だからこそ熱くなれるというアングラーも多いようです。またライトソルト的には盛り上がるタイミングなので、ターゲットを切り替えるという作戦もありでしょう。

以上、シーバスをメインに解説しましたが、ブラックバスのワカサギ、アジのシラス、青ものイワシなど、あらゆる魚食魚にベイトパターンは発生します。

水門の開閉と水位の変化で魚が動く

米づくりが盛んな平野部には広大な田園地帯が広がり、網目のように用水が流れています。田植えから稲が成長するまで田んぼに張った水の量を調整し、余分な水は川に流しています。干満差の大きい太平洋側の平野部では、引き潮のタイミングに合わせて排水を行なっています。潮位が上げてきて大規模河川の水位が上昇してくる間は用水の水門を閉めておき、満潮からの下げ潮に入ったところで開門します。排水機場も稼働し、下げ潮の勢いを利用して一気に用水に溜めた水を排出します。この排水と一緒にハクやハゼ、エビなどが流されるので、水門の外側ではシーバスやクロダイの活性が上がります。排水の勢いで濁りも出るので警戒心も薄く、日中でもルアーに盛んにアタックしてきます。

水門の内側に目を向けると、水が溜まってくるにしたがい用水の足場の部分まで冠水することがあります。水深にして20㎝も冠水すると、この段の上にナマズやライギョが上がってきます。浅い場所に入ってくる個体は活性が高く、近くにルアーを通せば一発で食ってきます。ただし、こちらの気配を悟られやすいので距離を置いてのロングキャストが鉄則です。

このように水門や堰は開閉するタイミングが決まっています。何度か現場に通って覚えてしまえば、それ以後は簡単にねらい撃ちできるようになります。地元に精通するアングラーは、この人工的に作られるタイミングを数多く知っています。

まとめ　タイミングを把握して自分の釣りを組み立てる

エキスパートが頻繁に口にするタイミングとは、チャンスのことでした。いろいろなパターンがありましたが、どれも共通して「魚が釣れるタイミング」。ほかにも多くのタイミングがあるので、自分の釣りに置き換えて探してみましょう。

タイミングの基本はシーズナルパターンです。バスフィッシングでは一般的なシーズナルパターン。季節ごとに変化するブラックバスの行動を予測し、身を寄せている場所を絞り込み、そのポイントで使うと効果的なルアーを選択してプレゼンテーション。読みが的中していれば高確率でヒットします。このパズル的な攻略要素がバスフィッシングの魅力です。一年を通して見ていくと、春は産卵絡みの場所、夏は適水温の場所、秋はエサを荒食いできる場所、冬は暖かい場所に身を寄せます。基本は摂餌と産卵です。

これらの行動パターンは、海の魚にも当てはめることができます。定住性の強い根魚や長距離を移動する回遊魚など、ブラックバスと同じような枠にはめ込むことは困難ですが、一年を通した行動パターンは、産卵を中心にどの魚にも見ることができます。魚の行動パターンを把握できれば釣果率は大幅にアップするので、ぜひ自分が追いかけているターゲットを分析してみましょう。きっと最も釣りやすいタイミングが分かってくるはずです。

天候や海況の変化がスイッチとなり活性が上がるタイミングを、より多く知っておくことも大切です。釣り場の地形と干満で生じる潮の動きを読んで魚の動きを予測する、活性が上がりそうなエリアを風向きごとに調べておく、雨が降ったときの川水が当たる場所を見ておくなど、ホームグラウンドのタイミングを知るためには下調べが必要です。きっと、爆発的な釣れ方を見せるタイミングがあれば、一発大ものの確率が高まるタイミングもあります。ねらい澄ましてエントリーできるようになれば、もはや上級者の仲間入りです。

ベイトパターンはシーバスを題材に語られることが多いですが、東北のベッコウゾイや北陸のキジハタ、伊豆のアカハタといった各地で人気のロックフィッシュも時期ごとにメインで捕食するベイトが変わるので、解明していくと自分だけのタイミングで大釣りできるかもしれません。タイミングは人に教えてもらうよりも自分で気付いたほうが結果に結びつきますから、釣り場ではいろいろな変化を注意深く観察しましょう。

また、ねらうばかりがタイミングではありません。ジャンルによっては産卵期や稚魚守りのタイミングをねらうのは控えようという動きもあります。最近では数の減少が著しいアイナメが話題になっています。アイナメがかわいそうというのではなく、これから先も長く釣りたいから魚が受けるダメージが大きい産卵前に釣るのを避けようというのが理由です。ライギョ釣りでは、冬眠前くらいはストレスなく好きなだけエサを食べてもらおうという配慮があり、10月中旬でサオを置くアングラーが多いようです。魚の行動パターンを把握することで、繁殖を考えた釣行も可能になります。タイミングの活用法は人それぞれなのです。

釣れないからこそ面白い!?

アジのゼイゴ（尾近くのとげ状のウロコ）に小さなハリを掛けて藻場を泳がせ、アオリイカをねらうヤエン釣り。アオリイカが抱え込んだアジを夢中でかじっている間に慎重に寄せて、掛けバリの付いたヤエンで引っ掛ける釣法です。この釣りの斬新なところは、泳がせるアジにはアオリイカを掛けるためのハリが付いていない点です。アオリイカが抱き着いたアジを食い油断した頃合いを見計らってヤエンをラインにセット、そしてロープウエイのように滑らせて引っ掛けるのですが、カンナがガッチリと決まるまでの間、いつでもアオリイカはアジを放して逃げることができます。

ラインに角度ができないとヤエンが滑らないので気づかれないようにサオを使ってゆっくりと手前に寄せてきますが、アオリイカは少しでも違和感を覚えると激しいジェット噴射で元いた藻場まで戻ってしまいます。満を持して投入したヤエンが上手く掛からず、取り込み寸前で逃げられることも珍しくありません。これほどバラシが多くて釣り人を熱くさせる釣りもほかにありません。10尾用意した活きアジを使い果たして釣果ゼロということも……。釣り人はアタリから取り込みにいたるまで10分近くもハラハラできます。釣果と効率を追求するだけが釣りではありません。釣り人が主導権を握れない、その逆境を打破して取り込んだ1パイは、非常に満足度の高いものです。特に日ごろルアー釣りを楽しんでいる人がハマるようなので、一度体験してみてはいかがでしょうか。

第5章

魚の行動とエサを知る

「徹底したエサの管理と打ち返しが鍵」

釣りたい魚の解像度を上げれば釣果率もアップ

新型コロナウイルスの感染が拡大してから〝3密〟を回避できるアウトドアが注目され、その間に釣りを楽しむ人が増えました。人気の海釣り公園には休日ともなるとファミリーを中心に多くのファンが押し寄せ、肩を並べるようにサオをだしています。しかし全員が均等に釣れるわけではなく、残念ながら満足のいく釣果を得られず釣り場を後にする人が多いようです。一方で安定して釣果を出している人もいます。この違いはどこに原因があるのでしょうか。もちろん腕の差というのもありますが、いきなり同じくらいの釣果を叩き出すことは無理としても、ビギナーでも釣果率を上げる方法はないものでしょうか？　答えは簡単、魚を知ることと、エサを正しく使うことです。この2つの質を底上げするだけで、クーラーを空にしたまま帰路に就く事態は回避できるはずです。

釣れる人と釣れない人の違いは、理解力の差といっても過言ではありません。「何でもいいから釣れればいいや」とか「見える魚は全部釣ってやろう」などと考えている人は、すでに貧果のフラグが立っています。魚によって釣れる時期が変われば釣り方やエサも、ポイントだって違います。そこをあまり深く考えず、適当な仕掛けでいろいろ釣れると考えること自体に無理があります。

まず、釣りたい魚の解像度を上げていきましょう。ここで重要になってくるのが、先の章で解説した魚ごとのシーズナルパターン、つまり釣れるタイミングです。地域や釣り場によって推移にズレが生じるので、最初にすべきは釣り場に詳しい釣具店で最新情報を仕入れること。そして釣れるタイミングをねらい澄ましてサオを伸ばし、食べてくれるエサを目の前に送り込むことができれば、もはや魚に食わないなどという選択肢はありません。

エサの準備と管理が釣果の第一歩

いくら高級な道具を使っても、最終的に魚がエサやルアーを口に入れてくれなければ釣れません。ほかの釣り人を上回る釣果を上げているベテラン勢の多くは、もちろん本格的な道具も使っていたりしますが、それ以上にエサの管理には人一倍気を使います。たとえば高温に弱いイソメ類をエサにする投げ釣りや探り釣りのエキスパートはクーラーに保管し、小さなトレーに使う分だけのイソメを取り出してエサ付けします。また、クロダイかかり釣りの競技会で長く頂点に立つ兼松伸行さんは、常に10種類以上の付けエサを持参しています。本人曰く「エサが原因で競技に敗れることはテクニック以前の問題です。不安要素を取り除くためにも、多くの種類のエサを用意しています」。魚をたくさん釣る人はエサの重要性を分かっています。読者の皆さまは、たとえば岸壁の上に凍ったアミエビブロックやパックに入ったままのゴカイを直置きしていませんか？　まずはエサの用意と管理を徹底しましょう。

次に大切なのは積極的なエサの付け替えです。ビギナーにありがちなのが、釣れなくても魚が食うまで仕掛けを上げずにひたすら待つパターン。打ち返しの頻度《ひんど》が低すぎてエサの鮮度が落ちているのに気付かず、自分で釣れない状況を作っています。また、時合になればアタリが出るだろうと釣り場にマッチしていないルアーを延々とキャストしている人も、魚は学習するのでヒット率は下がる一方です。

釣果を上げるための鉄則は「エサの種類は多めに用意する」「エサの管理を徹底して鮮度を保つ」「状況に応じて使い分ける」「打ち返しのピッチを上げる」「打ち返しのたびに付けエサは交換する」「ルアーはローテーションさせていく」の6つです。

ビギナーの人は仕掛けをたくさん買い込む割りにエサをケチりがちです。必要になりそうなエサは少しずつでもいいので、しっかり買っておきましょう。そして、すぐにクーラーボックスに仕舞うなど管理を徹底しましょう。大きなクーラーに保冷剤を敷いて間に新聞紙を挟み、カニやイソメ類は木桶に、モエビや小アジはエアーポンプ付きの容器に入れて保管します。特に夏は油断するとエサが全滅するので注意。サビキ釣りに使うアミエビブロックも新聞紙に包んでクーラーに入れておきます。なお、オキアミやアミエビなどの冷凍エサは、冬場は解凍に時間を要するので、釣りエサ店で半解凍してあるものを買うと楽です。

大勢のクラブ員と一緒にサオをだし、数・型ともに大差をつけて釣り勝った兼松さん。打ち返しも早ければ、ダンゴの使い方や付けエサの使い分けもバリエーションに富んでいた

兼松さんの取材で実際に用意していた付けエサ。これにオキアミとサナギ、コーンなどが加わる。これだけ付けエサがあると気持ちのうえで余裕を持って使い分けできる

大勢の釣りファンで賑わう海釣り公園。混雑していて釣れないというイメージが先行しているが、釣っている人はきっちり結果を出している

「魚の学習能力と警戒心」

魚はエサを危険と認識すると食い渋る

どの釣りもエサからハリを結んだラインが伸びています。魚にはこのラインは見えていますが、最初のうちは無警戒に食ってきます。ここで注目したいのが魚の学習能力です。ラインが出ているエサを危険と認識すると、魚は徐々に食わなくなります。よくアタリが遠のいてくると多くの人が「魚がスレてきた」と言いますが、これは目の前で何度もほかの魚が釣られることで学習し、ラインが出ているエサを警戒するようになってくるからといわれています。魚の学習能力は思っている以上に高いようです。堤防で釣るような魚は、いずれも視覚を使ってエサを探しています。目の構造が異なるので人間よりも焦点合わせが素早く、エサを見つけるのが早ければ危険を感じたり違和感を覚えるのも早いようです。エサやルアーに食いつく直前で止まったり反転するのも、鋭い視覚で寸前に見破っているからです。

食い渋っているときは一般的な対応策としてラインを細くしますが、これは魚から見えないようにするというよりも、ハリの付いたエサを自然に流す意味合いが大きいです。連日大勢の釣り人で賑わう海釣り公園では細仕掛けが有利といわれる理由は、細いからラインが見えなくなるわけではありません。学習した魚たちが、よく見える太仕掛けやサビキ釣りのように海面に対して垂直に立った仕掛けを警戒するからです。これは仕掛けを潮に乗せて斜めに送り込んでいく細仕掛けのフカセ釣りだと簡単に釣れたりすることからも分かります。

サビキ釣りもタイミング次第で大ものが食う

サビキ釣りで、仕掛けの周りで大きなクロダイやメジナがコマセカゴから撒かれたアミエビを拾い食いしているのに、何度打ち返しても肝心のハリには掛からなかった経験はありませんか。これも魚が学習しているからです。サビキ釣りではスキンや魚皮をハリに巻いた仕掛けが人気ですが、食わない魚は完全に偽物と見破っています。ちなみに空バリにアミエビを引っ掛けて釣るトリックサビキには小さなメジナがコンスタントに掛かり、ときには30㎝近いメジナやクロダイが食ってくることがあります。エサの力は偉大です。

また、騒がしく不用意に海面をのぞき込むことで魚たちに気配を悟られていることも、サビキ仕掛けに食わない大きな要因になっています。視覚が発達したヤマメなどをねらう渓流釣りでは、相手に気づかれぬよう静かに釣り上がっていきますし、バスフィッシングでもオカッパリでは木陰からキャストしたり、魚との距離が近いほどこちらの気配を悟られないように釣ります。家族連れで賑わう場所は条件的に厳しく思えますが、風で海面がザワついたり雨が降るなど、人の気配がかき消されると魚たちの警戒心が一気に薄まります。

美味しいエサを使えば釣果アップ

魚は鋭い嗅覚を持っていますが、その嗅覚を強く刺激する成分がアミノ酸といわれています。市販の食わせエサや配合エサにもアミノ酸が配合されています。生エサに添加する粉末にも種類があります。魚はアミノ酸を感知する能力が優れており、極めて希薄な濃度でも反応します。ちなみにアオイソメにはアラニンやグリシン、オキアミにはタウリン、アミエビにはアラニン、サナギにはグルタミンなど、定番の釣りエサはさまざまなアミノ酸を含んでいます。それらの成分が魚を強烈に誘引するので、手返しを早めて頻繁にエサを交換することが極めて重要です。　体液が抜けたエサを使い続けても集魚効果は薄くなる一方です。

　エサを見つけた魚は即座に、あるいはしばし観察した後、またはエサの一部に触れて食べられるものだと判断した時点で摂餌行動に移ります。これは身を危険にさらす行為でもあり、外敵からもねらわれやすくなりますが、摂餌に夢中で無防備になってしまうこともあります。また、たとえエサにありつけなくても群れの別の魚が摂餌したことを認識しており、仲間に摂餌スイッチが入ると自分の食欲も急激に高まります。ベイトフィッシュを集団で追いかけて捕食するのも、周囲との相乗効果で捕食欲がマックスに達してるからです。

魚の味覚を司《つかさど》る味蕾《みらい》の感度は人の数十倍から数百倍もあるので、味はとても重要です。魚がエサを口にしたとき、美味しいと感じると口に入れている時間が長く、不味《まず》い（あるいはエサではない）と判断すると瞬時に吐き出します。不味いエサを数回口に入れると学習してそのエサを口にしなくなります。つまり魚ごとに好みのエサを使えば、それだけ釣りが容易になります。キスの特効エサといわれるチロリがよい例です。魚は大変な美食家なのです。

感覚器官「耳石」と「側線」

魚の内耳には音（振動）を感知する耳石と呼ばれる器官があります。底層でじっとしている魚の耳石は体長の割りに大きく、中層を遊泳する魚は小さい傾向があります。大きな耳石を持つ魚は音に対して敏感です。根魚などは耳をそばだてて獲物を待ち構え、ブリなどは視覚に頼ってエサを探しているからです。ちなみにクロダイの耳石も大きく音には敏感ですが、静かにしないと釣れないわけではありません。クロダイが危険と感じる音でなければ問題ありません。カキ養殖が盛んな地域では、船で作業が始まるとクロダイが寄ってきます。他の魚も同じです。予期せぬ音や振動を察知したときに警戒心を高めて食いが止まるのです。

また、人間にはない側線は、魚にとってレーダーのような役割をしており、水流や振動などを感じとる繊細で敏感な器官です。近くで動いた生き物の筋肉から発せられる微弱な電磁波も感知して捕食につなげているといわれています。振動に敏感なのも、この側線によるところが大きいです。基本的に静かな釣り場では、無駄な音を立てないことが賢明です。堤防の上を歩く音すら水中には伝わっています。

「魚が気配を消す悪い潮」

酸素や塩分の濃度が低下して魚が避難

せっかく釣行を計画しても、海では時に我々を拒むかのような潮のトラブルが発生します。状況次第では釣り場から魚の気配が消えるほど厄介です。釣行前の情報収集で潮の色が芳しくないと聞いたら、速やかに釣行エリアを変更しましょう。当日の釣り場で遭遇した場合も即移動です。数日程度の延期で釣り場が回復することもありますが、場合によっては1ヵ月近く釣りにならなくなることも。海が生きていてこそ魚は釣れるのです。

▼赤潮／湾奥など潮の入れ替わりが少ないエリアで、主に夏に発生するのが赤潮。高水温の影響でプランクトンが異常増殖して水中の酸素濃度が著しく低下します。時には広範囲に発生して魚介類を死なせてしまいます。イワシやサッパなどの小型回遊魚は姿を消し、クロダイやシーバスも快適な環境を求めて深場や潮通しのよい湾口部に避難します。海況が戻るまで期待値は低いので、赤潮が発生したエリアへの釣行は回避しましょう。

▼台風／台風がまともに通過すると水温や水質が激変します。大量に雨が降ると河川から泥濁りの水が流れ込み、河口部を中心に湾内の広範囲が水潮に覆われます。この流れ込む川水

の量で状況は大きく異なります。表層が濁った水潮で覆われる程度ならクロダイやマゴチが爆発的に釣れることもありますが、底のほうまで水潮に侵されると一帯から魚の気配が消えます。流木などのゴミも河口から大量に流れ出し、湾内の釣り場は激しく荒れます。10月に入ってからの台風は水温を大きく下げる要因にもなり、湾内の状況を悪化させるので外洋に面した釣り場への釣行が賢明です。

▼青潮／赤潮と同じように港湾部の閉鎖性水域で発生する水質悪化現象で、海底に溜まった酸素の乏しい海水が強い風によって表層に浮上します。バスアングラーの間では知られるターンオーバーに近い現象ですが、ダメージは赤潮よりもはるかに深刻です。青潮が発生すると硫化水素が大気中の酸素に触れて海面が乳青色に見えるので一目瞭然です。青潮が起こると移動力のある生き物は避難しますが、ハゼや甲殻類などは死滅します。青潮が起こったエリアでは釣りになりません。特に台風が通過したあとは要注意です。

このほかにも緑色素のプランクトンが大量に発生する「菜っ葉潮」や、プランクトンがラインに付着する「デミ潮」なども避けたいところです。これらの潮の情報は現地に詳しい釣具店にもなかなか入らないので、釣り場に入ったとき最初に水質をチェックしましょう。また、食い渋りのスパンは短いですが、急に冷たい潮が入ってきたり、濁った潮が流れてくることもあります。海況の変化には常に注意して、急にアタリが止まったり、付けエサが突然弱りだしたら、潮の色や水温などをチェックする習慣をつけましょう。

まとめ 魚はエサを欲している。釣り人は合わせるだけ

魚は生き残るため、そして産卵して子孫を残すために日ごろからエサを必死で食べます。自然界は厳しく、満足にエサを食べられない個体は淘汰されていきます。次はいつ口にできるか分からないので、エサを前にしたら食べられるだけ食べるのです。釣れた魚の腹がはち切れそうなほど膨《ふく》れていて胃内容物を調べると、自分が使っているエサが目いっぱい詰まっていた、ということも珍しくありません。基本的に魚はエサを欲しています。ローテーションで当たりエサを探しましょう。エサの種類を多めに用意し、鮮度をキープするための管理を徹底することが肝心です。実際に安定した釣果を上げる上級者は用意するエサの種類が多く、重要性を知っているので取り扱いもていねいです。また、打ち返しを早めてエサの交換頻度も上げて釣果アップを図りましょう。余談ですが章内で触れたトリックサビキの釣りで、慣れた人は冷凍アミエビ1ブロック（16分の1切／約1・5kg）を2～3時間で使い切ります。このピッチで打ち返すからこそ寄せエサが効いて、好釣果を手にできるのです。いかに好循環に持ち込むかがサビキ釣りの攻略ポイントです。

魚は視覚を使ってエサを探すので、ルアー釣りでもシルエットだけではなくカラーの選択にも気を使いましょう。なぜなら人は色彩（カラー）の違いに敏感ですが、魚は明暗（コントラスト）に対して敏感だからです。いくら色彩を変えても明暗が同じなら魚に対するアピー

ルが少ないようです。したがって、ルアーローテーションの際はシルエットと合わせてコントラストも意識することです。ちなみにブラックバスやメバルは赤と緑、そして明暗に対して優れた識別能力を持っています。赤緑のルアーは、ジャンルを問わずケースに1個は忍ばせておきたいカラーです。アオリイカも色彩を識別する能力がないことは知られていますが、同じ餌木を使っていても場所や天候でヒットカラーに偏りが見られます。これは餌木の明暗で判断しているからです。マダイやブリ、クロダイは極めて色盲に近く、特に赤系のカラーに反応できません。これが理由で漁網に赤やオレンジが多いようです。つまり赤系のラインは釣り人には見えても魚には見えにくいカラーなのです。もちろん側線があるので存在には気づいているはずですが、透明なラインよりは警戒心が薄いようなので使えば恩恵を受けられそうです。

魚釣りは魚をだますゲームといわれますが、先に記したとおり基本的に魚はエサを食べたがっています。釣り人は自然に逆らわず、逆に風や波などを味方につけて大釣りしましょう。悪い潮が発生するのは仕方ありません。そんなときは釣行先を大きく変更です。厄介なのは水温や塩分濃度、溶存酸素量といった見た目には分からない変化でしょう。このあたりは上級者でも判断しにくい要素ですが、急にアタリが途絶えたり、他の魚まで消えるなど、何らかのシグナルがあるはずです。一日の釣行を無駄にしないためにも、常に全体に気を使って環境の変化にいち早く気付けるようになりましょう。

春のエギングは餌木を手前に移動させない

エギングは春と秋に大きな盛り上がりを見せます。入門者には数が釣れる秋がおすすめですが、エキスパートを目差すなら攻略難易度が高い春も積極的に釣行しましょう。春は産卵を意識して浅い藻場に入ってくる親イカが主役です。親イカは警戒心が強く動きも鈍いので、激しくシャクって餌木をダートさせるような釣り方には反応し切れないことが多くあります。春はヤエン釣りが有利とされるのも、アジを同じ場所で泳がせ続けられるからです。取り込めるかどうかは別にして、アオリイカが抱いてくる回数はエギングとは段違いです。

つまり、春の藻場でのエギングは、いかに餌木を手前に寄せないように釣るかが重要になってきます。勝負は PE ラインが潮に馴染んで斜めになるまでの３セットです。PE ラインは浮力があるので、最初に餌木をフリーフォールさせると海面に浮いています。適当な層まで沈めたところでシャクリを入れると、１セット目は餌木はほぼ真上に跳ね上がります。そして、少し張った状態で餌木の腹に水を受けさせるようにスローフォールさせます。これを３セットほど繰り返すと PE ラインが潮に馴染んで斜めになってくるので、左右にゆったりダートさせながら探って回収します。大型のアオリイカほど移動距離の少ない最初の３セットに乗ってきます。いかに餌木を動かさないかが春の攻略ポイントになります。エギングでの攻略は難しいですが、苦労の末に釣った１パイは感動すること請け合いです。

第6章

流行ゲームの勘所

バスフィッシング・四季を踏まえて2タックルで攻略

手軽に誰でも楽しめて、しかも底抜けに奥が深い……などと評される釣りは数多《あまた》ありますが、なかでもバスフィッシングはその代表的存在です。新しい釣りスタイルが次々に生まれヒットするなかで、今なお不動の人気を誇ります。現在は海がフィールドでも最初の一歩はバスフィッシングだった、という人は多いはず。バスフィッシングは「釣った」を体験できる完成度の高いゲームフィッシングです。

ベイトが多い場所に入れば期待度は高い

ブラックバスといえばシーズナルパターン。これは四季の移ろいとともに付き場を変えるブラックバスの行動に合わせた釣り方で釣果に結び付けようという考え方です。春は産卵、夏は適水温（浅場）、秋は大食い、冬は適水温（深場）が基本のパターンとなります。

季節ごとに簡単に解説する前に、一年を通して変わらないチェックすべきポイントがあります。バスフィッシングで最も大切なのはベイトの有無。ブラックバスは何でも口にするので完全なマッチザベイトこそ難しいですが、まず釣り場に着いたら水の中を観察してベイトの濃淡を把握しましょう。一見何の変哲もない水際でも、目を凝らすとエビやハゼの仲間が壁にくっついていたり、小魚が群れで泳いでいたりします。釣り場が生命感にあふれていたら期待値は高まります。全く生き物の気配を感じることができなければ、早々に場所の移動を考えましょう。

水温も注目すべき情報ですが、知りたいのは前日から上がったか下がったかという点です。前日に水温だけでも測りに行ける人は、当日の水温を見てブラックバスの活性をおおよそ予測できるので、かなり有利に釣りを組み立てることができます。もちろん、毎日測ってより長いスパンで水温の推移を把握できている人がより有利です。

夏は涼しく冬は暖かいエリアに身を寄せる

▼春／気温が上昇し、水温も10℃を超えて安定するとバスの活性は高まり、ほどなくスポーニングシーズン（産卵期）に突入です。スポーニングはプリスポーン（産卵前）、ミッドスポーン（産卵中）、アフタースポーン（産卵後）の3段階に分けられ、それぞれブラックバスのコンディションが異なります。

プリスポーンは産卵を控えて産卵場の近くで荒食いします。産卵場から近いカケアガリの障害物周りに集まり、体力のある大型の雌から荒食いが始まるので、ランカークラスが最も釣りやすいタイミング。積極的に摂餌するので数も出ます。

ミッドスポーンは実際に産卵が行なわれている時期です。日当たり良好な浅い藻場の広がるワンドに雄が産卵床を作り、雌が気に入ると産卵します。雄は産卵床を外敵から守るので釣られやすくなります。

アフタースポーン。基本的には釣りづらいタイミングです。雄は卵がかえった後もしばらく稚魚を守り、その間はエサを口にしません。雌は異なるパートナーを探して産卵しているので、こちらも積極的にエサを追いかけません。早く産卵と子育てを終わらせた個体から食い気が戻ってきますが、かなり痩《や》せており尾ビレなどもボロボロになっています。

産卵絡みのブラックバスを釣ることには賛否両論あります。釣りたくない人は産卵エリアを避けるか、この時期はサオを置いてシーバスなどに転進するのもありです。

▼**夏**／日が当たる場所の水温が20℃を超えるとブラックバスの活性は著しく低下します。朝夕の涼しい時間帯は浅場でエサを求めて活動しますが、太陽が顔を出すとすぐに深場など水温の低いエリアに移動します。冷たい水が流れ込んでいる場所や水が湧いている藻場を見つけたら粘りたいスポットです。ワームのスローな釣りで深場を探るとアタリを引き出せます。また、同じ湖沼の岸際でも風があたる側の水温が下がりやすく酸素量も多くなるので、ミノーやシャッドでテンポよく探ってみましょう。

▼**秋**／秋はブラックバスの適水温15～20℃で推移するので活発に捕食行動に出ます。行動範囲が広くなるのでポイントを絞りにくく、エリアの特定は困難。アユやワカサギなどの群れを追いかけまわしていたら、ミノーやトップウオータープラグで連発することも。ゲーム性

水温が 10℃を大きく下回る厳寒期も大型のブラックバスは浅場でベイトを食う。釣果率は決して高くない時期だが、釣れれば大型というのは魅力だ

が高く、バス釣りの醍醐味を味わえるタイミングです。

▼冬／冬は水温の安定する深場に移動します。若い個体はエサも積極的に口にせず動かないことが多いですが、体力のある大型はエサを求めて浅場に姿を見せます。60㎝クラスとの遭遇率が高まる時期であり、ジグヘッドリグのスイミングで朗報が飛び交います。なお、小春日和に恵まれると、深場で動かない個体も水温がいち早く上昇する浅場に入っていいます。また、数少ないベイトパターンであるワカサギパターンが見られます。

以上が大まかな一年の流れです。これらはフィールドの規模でも大きく変わりますが、基本は産卵と摂餌、そして快適な場所から絞り込んでいけばブラックバスを見つけることができるはずです。

ベイトとスピニングを持って出掛けよう

オカッパリではスピニングとベイトのタックルを1セットずつ持ってエントリーすると釣りの幅が広がり、また機動力も落とさずに済みます。ロッドホルダー付きのボックスやショルダーバッグも多いので上手に活用しましょう。

基本的なコンセプトは、ベイトで広範囲を手早く探り、食わせ切れなかった個体をスピニングにセットした軽量リグでスローに釣るという具合です。ベイトロッドはルアーの抵抗に引き負けしないミディアムヘビー、スピニングロッドは軽量リグを意識してライトを推奨。いずれも遠投性を重視した長めのロッドが有効です。製造技術の進歩により性能が向上し、長くても持ち重りはあまり感じないはずです。

フィールドに〝これだけは持っていきたい〟ルアーを挙げるならば「スピナーベイト」「チャターベイト」「クランクベイト」の3種類です。

スピナーベイトはブレードのフラッシング効果と波動でブラックバスを刺激します。根掛かりしにくく、初めて釣行するフィールドで最初に結びたい必携ルアーです。障害物の有無すら分からない場所でも果敢に攻めることができ、レンジに縛られないので水深の影響も受けません。重さは推奨ベイトロッドを踏まえて8分の3オンスが使いやすいでしょう。

チャターベイトは、シンキングのスイムジグです。ヘッド部のブレードが水を受けて激し

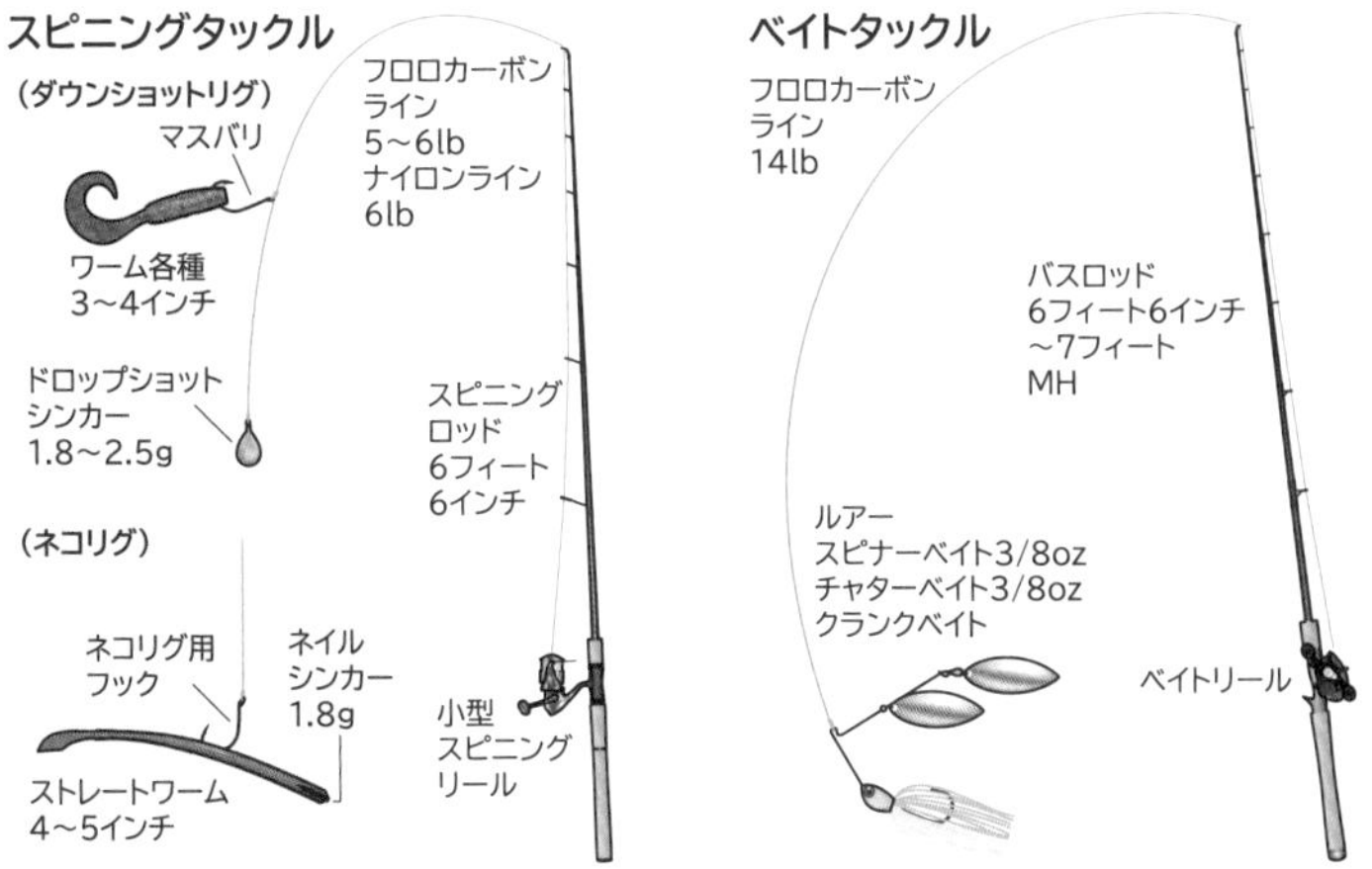

③

①根掛かり回避能力に優れるスピナーベイトは、詳細が分からない初めて入る釣り場で最初に結びたい。ランガンが基本のオカッパリの主軸
②ブレードとヘッドが当たる激しい音と振動、そしてフラッシングで魚を刺激するチャターベイト。巻きがメインだがフォールでも食ってくる
③潜行深度が決まっているので繰り返しキャストしても同じレンジを引いてこれるクランクベイト。余裕があれば潜行深度を分けて持っておきたい

①

②

ブラックバスの活性は、風が吹いたり雨が降るなどきっかけはさまざまだが、ベイトが簡単に捕食できる状況になると一様に上がる

くアクションしてスピナーベイトよりも強い波動でバスを刺激します。巻きで広く探るのに使います。スピナーベイトと同じく水深の影響を受けません。こちらもスピナーベイトと同様に8分の3オンスが鉄板です。

クランクベイトは浮力の高いボディーにリップを装備した、リズミカルにアクションしながら潜るプラグです。潜行深度が決まっているのでトレースラインの再現度の高いことが特徴です。同じような地形が続く河川の護岸などで、フィールドにマッチするクランクベイトを使えば連続ヒットする可能性があります。とはいえ最初から潜行深度ごとに各種揃えるのも難しいので、おおよそ2m潜るタイプを持っておくと、オカッパリでは幅広く活躍してくれます。障害物に当てたときにヒラを打たせてリアクションを誘ったり、止めてゆっくり浮かせてみたりと、多彩な使い方ができるので使っていて飽きないルアーです。

いずれもカラーや重さ、大きさなどバリエーションが豊富で、揃えていくと出費もかさみます。まずは、それぞれ派手なチャート系と地味なナチュラル系のカラーで1個ずつ持っておきましょう。なお、クランクベイトの動きについては、大きくウォブリングとローリングに分かれます。ウォブリングアクションはアピール力が強いので、魚がスレていないフィールドで有効です。ローリングアクションはアピール力が弱めなので、スレ気味のフィールドで威力を発揮します。チャート系をウォブリング系、ナチュラル系をローリング系から選ぶと、よりアピールとナチュラルで大きな差を演出できます。

そして、あと1個加えるなら「ミノー」です。ミノーも潜行深度が決まっているので使いやすいルアーです。ジャークで左右に飛ばしてリアクションに訴えたり、サスペンドなら中層で止めて誘うこともできます。水面に小魚を追い詰めて盛んに捕食している場面に遭遇したら、迷わず結びましょう。ほかのルアーを圧倒する勢いで釣れます。

軽量リグで根こそぎ食わせてしまう

ベイトタックルでひと通り探ったら、次はスピニングタックルに持ち替えて食わせ切れなかったバスを拾っていきます。ビギナーでも扱いやすいリグといえば「ダウンショットリグ」

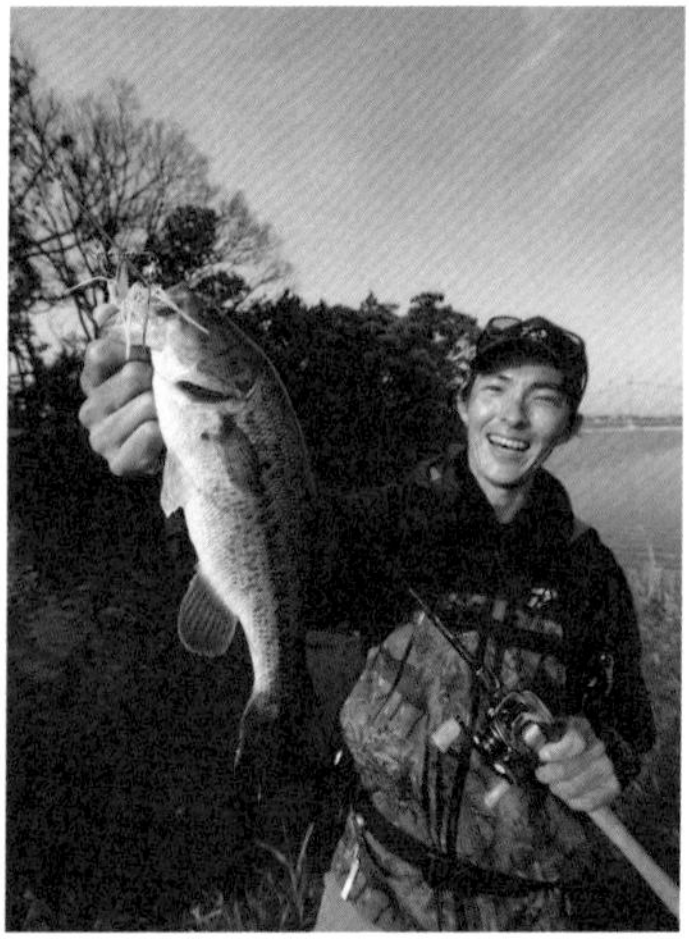

バスフィッシングの基本はオカッパリ。足繁く通ってブラックバスを釣っていくうちに、季節ごとの付き場や有効な釣り方が見えてくる

①

②

①ダウンショットリグは張らず緩めずのテンションで一点シェイクできるので、障害物周りでネチることが可能
②底を小突きながら手前に探ってくるネコリグ。先に仕込んだオモリを抜いてワッキーリグに切り替えるのもあり

と「ネコリグ」です。

ダウンショットリグは下オモリ式のリグで、ワームは底を切って浮いた状態になっています。1本バリ仕様の繊細な胴突き仕掛けというイメージです。使うワームは4インチまでなら形状は何でもOK。シンカーでコツコツ底を取りつつ、ワームをピロピロ動かすイメージでサオ先で細かくアクションを加えながら手前に探ってきます。

ネコリグは頭にネイルシンカーを埋め込んだストレート系ワームのリグで、胴体に専用のフックをチョン掛けにして使います。根こそぎ釣れるリグという意味だけにバスの食いは抜群です。着水すると、頭を下に向けて真っすぐスムーズにフォールします。ストンと着底すると、ボディーをくねらせて横に倒れます。この着底の瞬間に食ってくることが多いので、着底を確認してから数秒待ちます。アタリがなければサオ先で軽くワームを持ち上げて、トントンとワームを動かします。底のエサをついばむ小魚のような動きをイメージして誘うと、スレたブラックバスも惑わされて飛びついてきます。

ここまで真剣にやれば、よほどプレッシャーの高いフィールドだったり、活性が低下していない限り、ブラックバスを手にできるかと思います。頑張って釣りましょう。

60cm級を惑わせるジグヘッドリグのスイミング

冬のランカーバスねらいに活躍するジグヘッドリグのスイミングは、ミッドストローリングという釣り方です。ポイントは残り藻や湧き水、地形変化など。そして冒頭で触れたベイトの濃淡が極めて重要です。タックルは推奨スピニングタックルが流用できます。使うワームはスティックベイト。メインのジグヘッドは1g未満です。風のある日は浮き上がりを防ぐために2g近くまで使います。フックサイズはワームに合わせましょう。

釣り方はキャストしたワームに対して真っすぐになるようにサオを向けて、水面に対して水平より少し立てるくらいに構えます。ラインを少したるませつつ一定のリズムで軽く上下にロッドを振り、ワームをボディーロールさせながら一定のレンジを引いてきます。繊細に攻めてランカーを惑わせましょう。探るのは基本的に底付近ですが、マヅメ時にベイトフィッシュが浮くと水面直下でも食ってきます。視野を広く持つことが肝要です。

シーバスゲーム・常にベイトを念頭に置いて攻略

シーバスは一年を通してエサを求めて動き回っているのでベイトパターンで語られることが多い魚です。たとえば春先のバチ抜けが定番ですが、季節ごとに追いかけるベイトは変わります。シーバスが今、何を食べているのかが分かれば釣り場や釣り方も絞り込めます。シーバスゲームで重要なのはベイトフィッシュ。なお、稚アユやハクといった小さいベイトを偏食しているときは難易度が極めて高いので攻略に固執せず、ほかのベイトを捕食しているシーバスに目を向けることをおすすめします。まずはキャスト&リトリーブで数を釣って基本的な技術をマスターしましょう。

シーバスのベイトと一年を通した大まかな流れは次のとおりです。

▼春／産卵を終えた個体が沖から順に戻ってきます。水温が低いうえに産卵で消耗した体力が回復していないので、主に河口周りで遊泳力の弱いイソメ類を摂餌します。水温が上昇に転じて多くのベイトフィッシュが活発に動くようになると、シーバスも沿岸の浅場に入ってきます。港湾部やサーフにはカタクチイワシやハクが回遊し、大河川では稚アユの遡上も始まります。稚アユに付いて河口から10㎞以上も川を上っていく個体もいます。

▼夏／初夏は雨による濁りが入って警戒心も薄れ、カタクチイワシ、サッパ、イナッコに付

冬になると駿河湾の海岸に大きなコノシロが群れて海面が所々で真っ黒に染まる。深場に落ちなかった個体が付いているので、ビッグベイトをキャストすると高確率で食ってくる

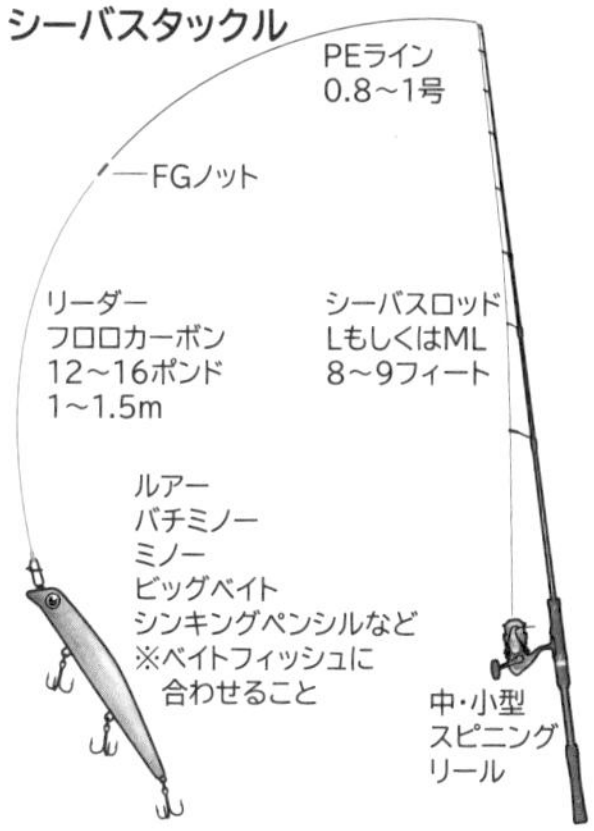

いてよく釣れます。小さなサヨリやハゼ、エビなども捕食します。あらゆる魚や甲殻類を食べるので、ルアー釣りの基本であるマッチザベイトがなかなか成立しません。しかし、サイズ感だけでも合わせましょう。7月に入ると暑さが厳しくなって潮通しの悪いエリアは水質が悪化します。シーバスは過ごしやすい環境を求めて河口や外洋に面したサーフに移動します。カタクチイワシが群れていたらチャンスです。

▼**秋**／赤潮が発生するほど劣悪な環境は解消され、湾奥から外洋に面したサーフまで広範囲で釣果が望めます。大規模河川では産卵を終えて弱ったアユが流れてくるところをシーバスが河口周りで待ち構えています。ビッグベイトの出番です。晩秋はヒイラギやサヨリの動向に注目。産卵組が落ちる前の荒食いをするのでミノーやバイブレーションが必携です。

▼**冬**／産卵を意識した個体は深場に移動しますが、成熟していない個体など居残り組も多いので完全なオフシーズンにはなりません。居残り組のなかでも大型の個体は大規模河川の河口周辺やサーフに群れる20〜30㎝のコノシロの群れに付いており、大型のビッグベイトでねらえます。勝負が早いのでビッグベイト用のタックルを持っていたらおすすめです。

最高に盛り上がるベイトパターン「バチ抜け」

一年を通してシーバスアングラーが最も盛り上がるのがバチ抜けです。東京湾や駿河湾、伊勢湾の河川では、早ければ年明けからバチ抜けが始まります。徐々に盛り上がって3月から4月にかけて山場を迎え、その後は魚へとメインベイトが切り替わっていきます。

バチ抜けとは、汽水域の泥底に生息するイソメ類が産卵のために抜け出て海面に泳ぎだすことです。主な場所は夕方から夜にかけての河口周り。バチ抜けが始まるタイミングは満潮からの下げ潮で、満月の大潮から中潮にかけて頻繁に見られます。無尽蔵に湧いてくるバチを夢中で捕食しているシーバスは警戒心も薄く、釣り方さえ間違えなければビギナーでも比較的簡単にヒットさせられます。ちなみに小潮回りでもバチは抜けるので、時間を作って積極的にフィールドに足を運ぶ人が好釣果を手にします。潮の流れが速すぎると釣りづらい場所も多いので、必ずしも大潮回りが一番という固定観念は持たないほうがよいでしょう。

バチ抜けの釣り方は、バチ目がけてシーバスがボイルしたら、ワンテンポおいてボイルの

シーバスゲームに入門するならバチ抜けシーズンからがおすすめ。バチが抜けている場所を探しながら釣っていくのでゲーム展開もスピーディー。釣り方を間違えなければ手堅くヒットさせられる

あった奥にバチルアーをキャスト。そして小さな引き波を立てるようにスローかつ一定のスピードでボイル地点を通過させます。イソメの泳ぐ姿に似せるため、ルアーにアクションは付けません。キャストをワンテンポ遅らせるのは、素早くキャストしても肝心のシーバスが次の捕食体勢に入っていないからです。ちなみにバチ抜けが多く見られるのは、下げに入ってから2～3時間です。短時間勝負なので集中しましょう。

バチは明かりに集まるので水門のライト周りは要チェックです。また、川から流れ出たバチは流れがたるむ場所に溜まりますが、流れがないとシーバスの反応が今ひとつだったりします。シーバスは流れてくるエサを捕食する性質があるので、バチ溜まりから近い流れのある筋を探ってみましょう。

渓流ルアー・緑豊かな自然と美しい魚に癒される

緑に囲まれたロケーションで楽しめる渓流ルアーフィッシング。ターゲットはアマゴにヤマメ、イワナ、アメマス、サクラマス、サツキマス、イトウ、ニジマスなどの美しい魚たち。フィールドは本流から源流まで、渓相が異なります。ビギナーには比較的エントリーしやすい源流以外がおすすめです。多くの河川では3月に解禁を迎え、9月頃まで楽しめます（管轄漁協により異なる）。詳細は解禁情報を参考にしましょう。

タックルは1セット。ベイトかスピニングかは好みですが、取り回しの利くライトのショートロッドがおすすめ。上流に向かってのキャストが多くなるので、リールはラインスラックを素早く回収できるハイギアモデルを選びましょう。ルアーは5㎝前後のミノーが主力です。流れの中でもバランスを崩さない4～6ｇのシンキングをメインで使い、渇水など魚の警戒心が高まる場面では2～3ｇのフローティングを結びます。スプーンがあると水深のある場所でも底近くまで探れるので攻略範囲が広がり、アタックも増えます。

1カ所で粘るよりも釣り上がりでチャンスを増やす

渓流では魚たちを警戒させないように釣り上がっていきます。水中で音を立てない、水面

ヤマメやイワナなど、渓流ルアーのターゲットはどれも宝石のように美しい魚たちばかりだ

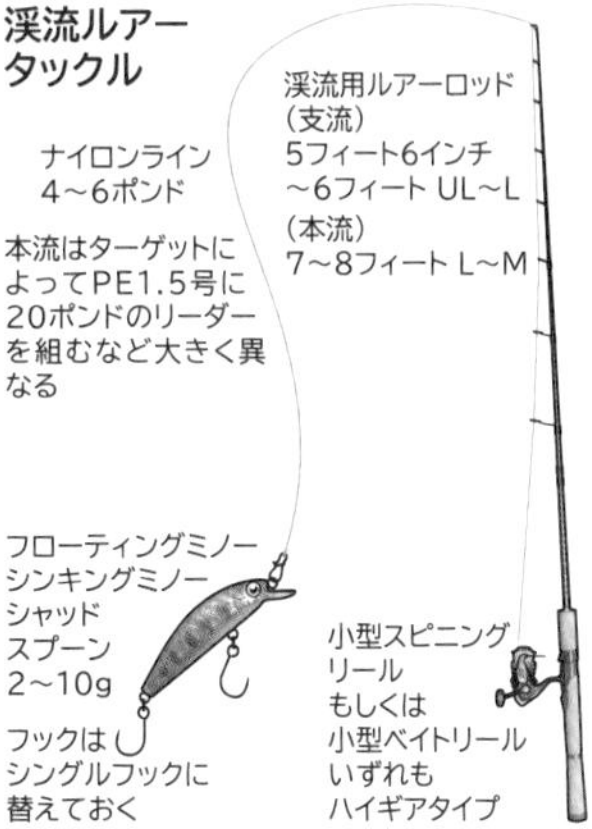

に影を落とさない等、移動に気を使いながら魚たちが身を潜め流下するエサを待ち構えていそうな場所をねらいます。鼻先にルアーを通すことができればチェイスやアタックなどの反応を得られるはず。また、渓流ではロングキャストは難しいので、できる限り距離を詰めて正確にポイントに入れていきます。水面から頭を出している岩の裏側には流れのたるみが認められるように、沈み石の裏も流れが変化しているので見逃がさないようにしましょう。沈み石周りは意外と釣り抜けがあるので注意深く見ていきましょう。

　水温が低い春は流心付近ではなくトロ場に魚が溜まっていることも多いですが、うかつに近づくと気配を悟られやすく、この場合は距離を取ってのアプローチが絶対条件です。接近戦なら流心脇の泡が出ているような段差の落ち込み等が要チェックです。夏は瀬です。流れが泡立ちながら踊るように勢いよく下っていく瀬の始まりを瀬肩、終わりを瀬尻といいます。瀬は酸素が多く取り込まれて水温も上がりにくく、魚が入りやすい有望ポイント。そして瀬尻では流下する川虫を待ち構えています。この瀬尻がプール状になっていると釣りやすい反面、釣り人のプレッシャーもきつく、魚影が見えたからと粘りすぎると時間を無駄にします。どんどん積極的に釣り上がっていくほうが結果につながります。

流れに対してアップかクロスでキャスト

川を釣り上がっていく渓流ルアーでは、基本的に上流に向かってキャストします。流れの筋を外さず上流に向かってキャストするアップストリームキャストと、流れの筋に対して斜めに入れていくアップクロスストリームキャストを多用します。アップストリームでは流れよりも速くリールを巻かないとミノーは泳がないので、流れの緩い場所や着水直後のヒットが多い段差の落ち込みをピンポイントでねらう場面等で使います。アップクロスは流れにラインを取らせてミノーを引っ張ってもらうのでテンションをコントロールしやすく、リトリーブして障害物の際を通したいときなどに多用します。

川幅が広く水量のある本流に熱を上げるアングラーも少なくありません。本流の魅力は1尾との出会いに尽きます。サクラマスとサツキマスを筆頭にアメマスやニジマスなど、どれ

川底の石や水の動きを見ながらルアーを通し、どんどん釣り上がっていく。渓流ルアーは自然と同化して楽しめる癒しの釣り。マナーを守って気持ちよく釣りたい

もしびれるほどの感動を覚えることでしょう。本流には橋脚や堰などの人工建造物が多く、淵や瀬のポイントも大きいのでスケール感のある釣りを楽しめます。釣り方はアップクロスのほか、水量が多いことからクロスストリームキャストが有効です。リーリングせずにラインが受ける流れを利用し、ミノーをドリフトさせて流心へ送り込みます。ドリフトしながら横向きに流れ下るミノーをチェイスした魚は、ラインが伸びてミノーが上流に向きを変えた瞬間にアタックしてきます。U字エフェクトと呼ぶテクニックです。警戒心の強い大型が食ってくるので、いかにも魚を攻略した感覚を味わえます。

自然と同化する渓流にはリスクも潜んでいます。安全を確保して楽しみましょう。ケガなく帰ることを最優先してください。

ライトショアゲーム・手軽さとゲーム性を高次元で融合

アジングやエギングをはじめライトタックルを使った手軽なソルトウオーターゲームが人気です。ビギナーが入門しやすい手軽さと、エキスパートが熱くなれるゲーム性を備えたオカッパリのライトゲーム。人気のスタイルを紹介しましょう。

アジング　ジグ単の食いアタリとフォールのアタリを覚える

アジングは繊細なゲーム性が受け、今やライトソルトの主軸です。入り口が広くてどこでも奥が深く、それでいて癒《いや》しの釣りです。活性の高い日に当たれば、ジグヘッドの単体リグをキャストして巻いているだけで小気味よいアタリが連発します。しかし、ちょっと気難しい日になると途端にアタリが取れなくなります。ところが、そんな状況でもエキスパートは次々にアジをヒットさせたりします。アジング上達の鍵は、クンクンと首振りの振動が穂先に伝わってくる「反転アタリ」の前に出る、ジグ単と一緒に泳ぎながらワームをくわえる「食いアタリ」をキャッチできるようになることです。そして巻きの釣りと併せてフォールの釣りを覚えると、アジングが格段にレベルアップします。

食いアタリは振動ではなく、サオのバランスがわずかに前後する荷重変化のアタリです。

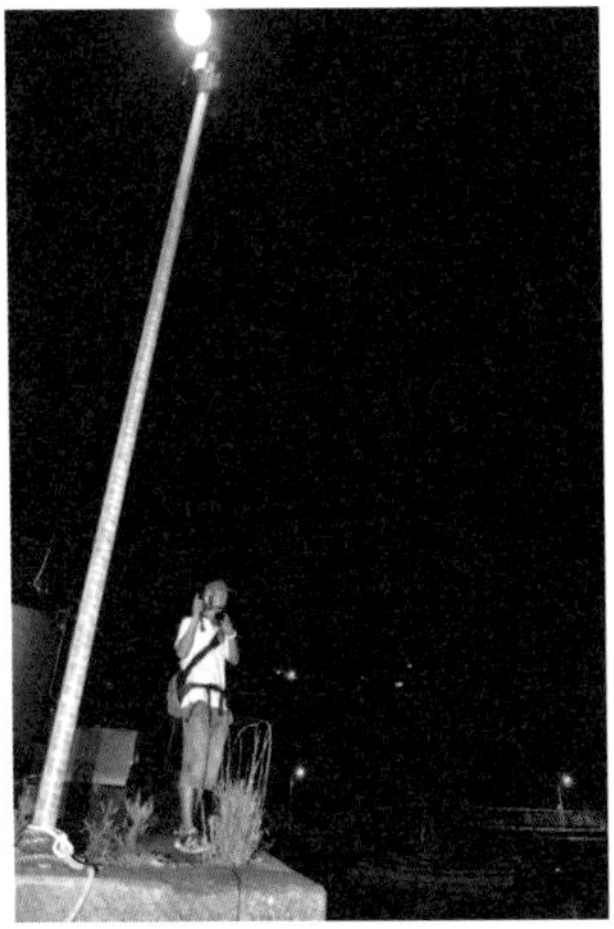

アジングといえば常夜灯周りで巻きのジグ単。活性が高い間は誰でも簡単に釣果を手にできるが、活性が落ちると途端に気配が消える。ところがエキスパートはフォールの釣りで釣果が途切れない

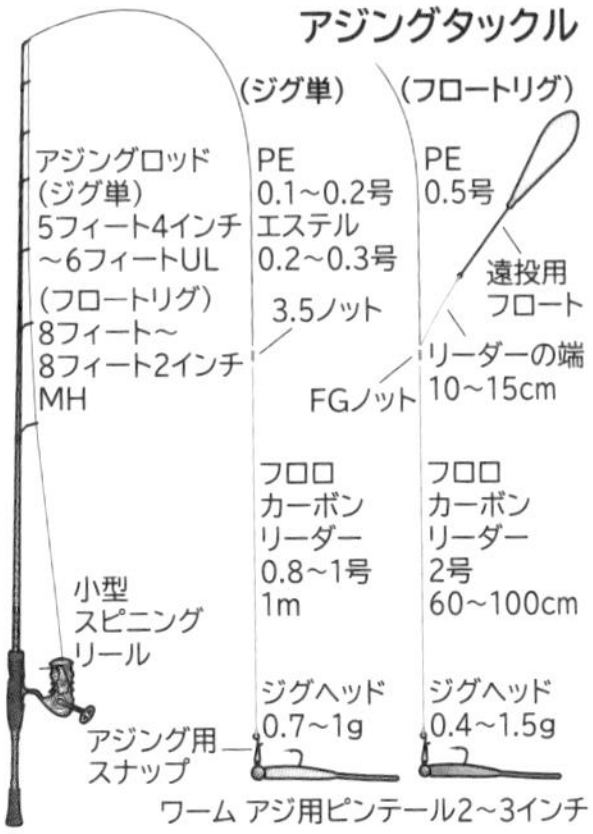

アジがワームを口に入れた時点ではサオ先に振動は伝わってきません。ほんのわずかにサオが前バランスになったり、ジグ単が抜けて後ろバランスになるような、経験の浅いアングラーには全く感じられないほど微妙です。この食いアタリで掛け合わせられると、上アゴにフッキングするのでバラシが大幅に減ります。当日の活性とジグ単がマッチしていると、反転する前にアジはワームを5秒ほどくわえていますが、ジグ単が合っていなかったり気難しい日は吸い込んだ直後に吐き出したり反転して暴れます。よく釣れる日は長くワームをくわえているので、練習して感覚をつかみましょう。巻きの釣りの基本は一定のレンジを引いてくることに尽きますが、ジグ単が軽くなるほどレンジキープは難しくなるのでのスローを心がけます。マスターしたら、

わずかにジグ単を持ち上げていく、逆にゆっくり落としていくリトリーブを覚えましょう。

アジングといえば巻きの釣りですが、それだけでは食ってこないアジがたくさんいます。そんな局面で使いたいテクニックがフォールです。巻きの釣りで食うアジは比較的活性が高く、活性が落ちてくるとワームを追わなくなります。そして横の動きから落ちるエサに興味を示すようになります。巻きの釣りをしていてアタリが途絶えると群れが去ったと勘違いしがちですが、実は同じ場所にアジは残っていたりします。巻きからフォールの釣りに切り替えるとアタリが戻ります。フォールに出るアタリも基本的に微妙なもたれるパターンです。微かに重みが乗ってきたように感じたら手首を返してみましょう。

大アジが回遊するサーフでフロートリグ

駿河湾をはじめ各地でフロートリグのサーフアジングが話題になっています。最近は80m近い遠投を可能にするフロートも登場してフィールドの開拓が進んでいます。サーフアジングの魅力は、港湾ではなかなか拝めない大アジが回ってくることに尽きます。ねらいめはすぐ沖に深場が控えている前方に離岸ブロックが並ぶ砂利浜やゴロタ浜。アオリイカやタチウオが釣れる浜ならアジも回ってくると考えて間違いありません。

アジは上層を回遊するので、水面から1ヒロ程度のレンジを引いてきます。群れで回遊しているので間断なく釣れるわけではなく、短時間で立て続けに釣れては沈黙を繰り返します。

サーフアジングはアジのサイズが魅力。釣れればほぼ30㎝オーバーだ。駿河湾では脂が乗った居着きの金アジが回遊するので釣行後の楽しみも大きい。大衆魚といわれるアジだが、食味の高さは皆が知るところだ

アタリがないとレンジを深くすると、かえって食ってきません。回遊とタイミングが合えば食ってくるので、回遊を信じて上層トレースに徹しましょう。

さすがに食いアタリを取ることは困難ですから、ジグヘッドは向こうアワセでも上アゴに掛かりやすいハリ先角度の大きい短軸タイプが有効です。口切れしないようにドラグは緩めに設定します。バラすと群れが散ってしまうので鋭いアワセはNG。サオを引っ手繰られたところで胴で引きを受けながら慎重に寄せ、寄せ波に合わせて一気に巻き上げ取り込みます。釣果の鍵は、回遊のタイミングでいかに手返しよく釣るかです。時期によってはシラスより大きいイワシを捕食していることも多いので、大きめのワームも用意しておきましょう。

メバリング ベイトに合わせたプラッギングで型ねらい

最近は簡単にメバルが釣れなくなったと聞きますが、軽いジグ単でないと食ってこないようなハイプレッシャーな港湾部でも、シラスなどのベイトフィッシュを意識したプラッギングを展開すると、普段お目にかかれない良型が期待できます。

日が暮れて常夜灯が点灯すると、プランクトンを食べにシラスが照明エリア内に群がってきます。すると、ほどなくシラスを下から突き上げるようにメバルやセイゴが捕食するようになります。シラスは梅雨期の定番ですが、駿河湾や相模湾では冬でも見られます。ライズが始まったら明暗外側の潮上にメバル用のフローティングプラグをキャストします。リトリーブはしません。プラグを動かさずにイトフケを利用して自然に明るいエリアに流し込んでいきます。そして活性の高いメバルがプラグに気づくと、下から勢いよくアタックしてきます。

ほどよく潮が動くタイミングをねらって釣行することが肝要です。プラグの直下をチェイスしてくる黒い影が視認できるので、かなりエキサイティングです。暗い側でも食ってくるので、プラグに小さいケミカルライトを装着しておくと見逃しません。プラグが軽量なのでキャスト方向を少し変えると流れるコースも変わります。ライズを見ながらコース取りを考えましょう。まずはスローに釣ることが鍵です。また、ひと通り探ってからフォローでシン

普段は小さなメバルしか釣れないような場所でも、タイミングをねらってエントリーすれば一発が期待できる。良型は釣り切られたのではなく、タイミングにシビアになっているだけかもしれない

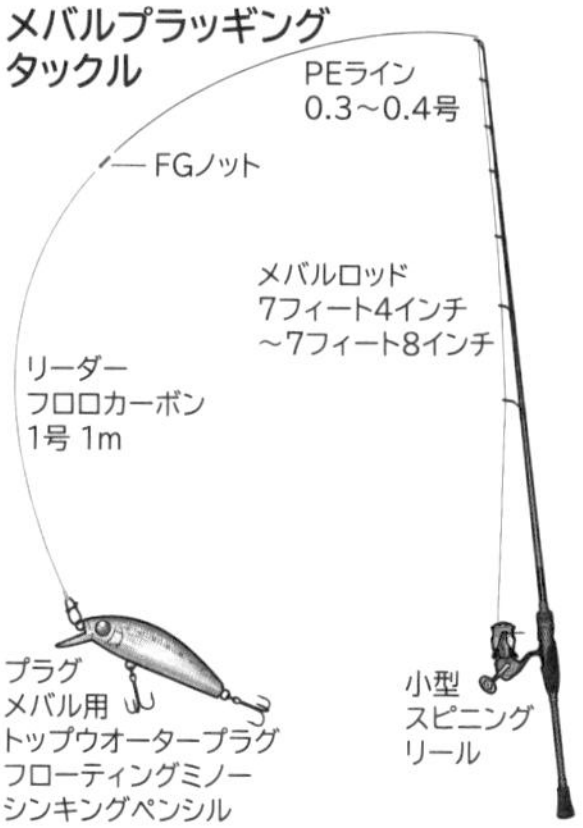

キングペンシルを引くと、トップに出切らなかったメバルが食ってきます。

ハイプレッシャーなフィールドでは、干満に合わせて潮がよく流れる埠頭の間を流れる水路がねらいめです。潮が動き始めると、流れが集束する水路に多くのシラスやハクが流れてきます。水路に架かる橋の橋脚や水路が開ける場所で反転流やヨレが生じると、そこにベイトが溜まって捕食が始まります。流れを釣るので、前もってタイドグラフをチェックして潮の動きを把握しておくことが非常に大切です。釣り方は常夜灯パターンと同じ。キャストしたら巻かずに潮に乗せます。常夜灯がない場所がサオ抜けしていてねらいめです。なお、繰り返しキャストするとポイントを潰してしまうので、チャンスと確信するまで静かに待つことが極めて重要です。

クロダイフリーリグ　スタックかわして好釣果

関西を中心にフリーリグを用いるクロダイのデイライトゲームが大いに盛り上がっています。根掛かりを恐れず果敢にねらえる完成度の高いフリーリグは、手軽さと釣果率の高さが魅力です。ビギナーでも慣れれば複数尾のクロダイやキビレをキャッチできます。

フリーリグといえばバスフィッシングでは定番の全遊動リグです。ブラックバスは目線が上を向いているのでシンカーから遅れてフォールしてくるワームに食ってきますが、クロダイは底の甲殻類を捕食しているのでストッパー（ウキ止ゴム）を用いてフックの結び目近くにシンカーをペギングする半固定式が主流です。アタリが捉えやすくなると同時に操作性が大幅にアップして根掛かりも半減します。シンカーを半固定したフリーリグは一見すると直リグと同じレイアウトですが、クロダイは掛かった際に首を激しく振るので最初の反動でストッパーがズレてシンカーがフックから離れます。これでファイト中にシンカーの遠心力でフックが外れる心配もありません。クロダイポッパー聖地の静岡県浜名湖においても鉄板リグとして話題になり、現在も多くのアングラーがフリーリグを結んでいます。

基本的な使い方は広範囲の底を探るズル引きと壁際の底でリグを跳ねさせるボトムバンプですが、奥浜名湖や清水港のようなカキ殻で覆われたガレ場が広がるフィールドでは底を取りながらズル引きするとスタックしてしまうので、ロッドを45度前後に構えて常にリーリン

透明度の低いフィールドでは驚くほど浅い場所で食ってくるのでファイトも派手でエキサイティング。赤色のシンカーを使うとシンカーにバイトするのを防ぐことができる

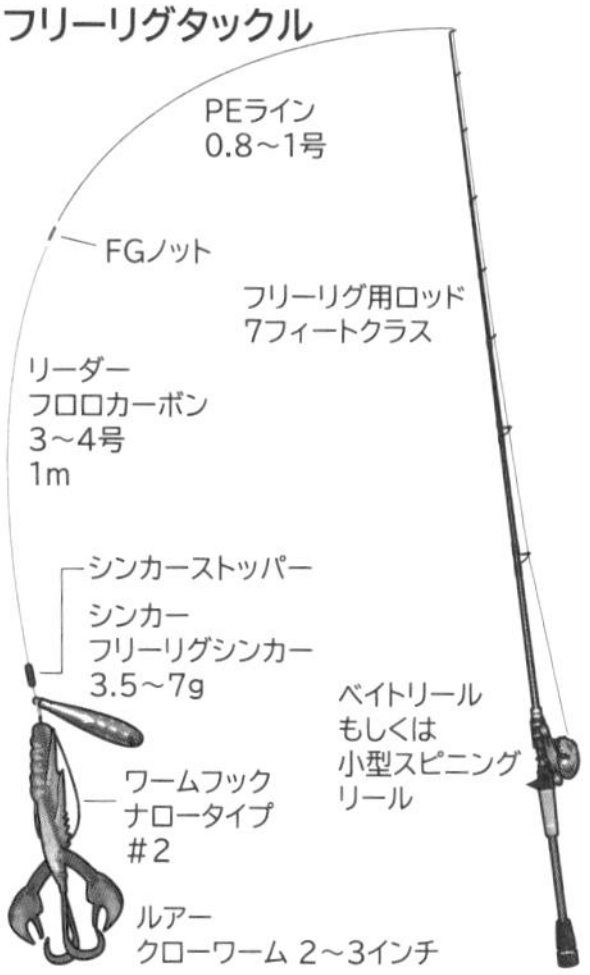

グします。フリーリグをわずかに浮かせて根掛かりを回避します。できる限り底近くをトレースするのが秘訣で、時折りシンカーの先が底に当たるくらいが理想です。

地形読みが苦手という人にはリフト&フォールがおすすめです。着底したら素早くロッドでリグを持ち上げ、そこからカーブフォールやテンションフォールで手前に誘います。ラインを張っていれば明確なアタリが手元に伝わってきます。ステイを入れて食わせの間を演出すると根掛かりするので、着底したらすかさず跳ね上げましょう。底にシンカーが当たった直後に、エビが逃げ惑うように鋭く跳ね上げてリアクションバイトを誘う複合的な誘い方がヒットパターンです。水深が50㎝程度の浅場では、引き波を立てながら水面を引いて沈めると食ってくることもあります。

エギング 釣果の秘訣はテンションフォール

エギングは漁具の餌木をルアーフィッシングに進化させた人気のジャンルです。もともと春の型ねらい、秋の数釣りと2回の山場を迎えていましたが、今は地域を選べば一年を通して楽しむことができます。最も盛り上がるシーズンが、春に生まれた新子が300gほどに成長する秋。数が釣れるとあって、秋が深まると全国の堤防が餌木をキャストするアングラーで混雑します。しかし、なかなか思うように釣れない人が多いようです。

エギングの基本はシャクリとフォールの繰り返しです。実にシンプルな釣りですが釣果には大きな差が生じます。釣れない人の多くはフォールをおろそかにしています。エギングはフォールが9割といっても過言ではないほどフォールが重要です。なぜならフォール中に餌木を抱いてくるからです。アオリイカがガッツリ餌木を抱き込んでくれれば、たとえ気付かなくても次のシャクリで掛かりますが、気づかないうちに放されているケースが多いのです。ラインを張りながらフォールさせることで小さなアタリも分かるようになります。じんわりと餌木を引っ張りながらのテンションフォールを覚えましょう。

また、餌木をダートさせられない人も釣果が伸びず悩んでいるようです。思い当たる方はハイギアのリールを使っていませんか。今どきの高性能の餌木は、左右に上手くダートさせると手前への刻みを40㎝前後まで抑えることができます。ところが、ここでハイギアのリー

サーフは手前が浅いので沖ばかりに目が向きがちだが、時には１ｍ程度の水深で餌木を抱いてくることもある。浅瀬は厳しいという先入観念を捨てること

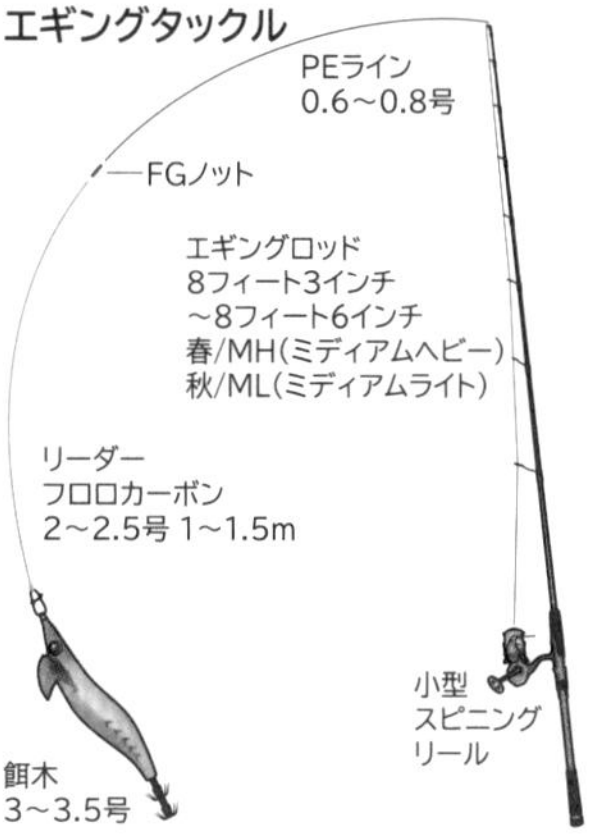

ルを使ってワンピッチのように勢いよくシャクっている人は、ダートを生かせないまま手前に寄せてしまっているのです。リールをローギアモデルに切り替えるか、餌木を手前に引っ張らないようドラグを緩めに設定することを推奨します。

混雑知らずのゴロタ浜

堤防の混雑に食傷気味のアングラーがサーフに注目してから全国的に開拓が進んでいますが、大きな石が転がるゴロタ浜はいまだにアングラーが敬遠しているので釣り場が叩かれていません。すぐ沖で落ち込んでいる場所が多く、ベイトがカケアガリの壁に群れていれば高確率でアオリイカが回遊してきます。しかも手前の浅い場所に入ってくるアオリイカは活性が高いので餌木を通せば抱いてきます。

　ポイント選びで大切なのは小さな変化点を見逃さないことです。ゴロタといえどもサーフなので見た目に大きな変化は乏しい。それだけに、ちょっとした張り出しでも1級ポイントになります。また、沖に浮かぶブイのロープには回遊してきたアオリイカが必ず足を止めます。これといった変化がなければ潮目を参考にしましょう。明るいうちに目ぼしいポイントをランガンして状況を確認し、太陽が傾いてきたところで最も感触のよかった場所に入り直し、腰を据えて回遊を待つ作戦などが有効です。

上層から下に刻んでいく中層のナイトゲーム

　数年前からナイトゲームでは底を取らない中層の釣りが話題です。活性の高いアオリイカは中層に浮いていることが多く、さらに上を通過するベイトに好反応を示すので、底までフォールさせない釣り方です。それまでは感覚がつかみづらいとナイトゲームを苦手とするアングラーが多かったですが、根掛かりすることもなく何かが触れてきたらアオリイカという明快なゲーム性が受けて、晩秋から梅雨まで各地で朗報が飛び交います。

　基本的な釣り方は、上層から探っていきます。まず着水したら10秒ほど沈めてから1回目のシャクリを入れてテンションフォール。何も触ってこなければふたたびシャクリというパターンで手前まで探ります。次は15秒フォールという流れで徐々に下に刻んでいきます。中

ボトムを取ると根掛かりして釣りにならないゴロタ浜。張り出しに腰を据えて中層のエギングに徹していれば、タマヅメに高確率でアオリイカが回遊してくる

層の釣りで極めて重要なのがレンジのキープです。一定の層をトレースできるか否かでアオリイカの反応が大きく変わります。シャクリは夜なので小刻みに誘い上げる必要はなく、サオいっぱいに大きく2回振り上げればOKです。餌木を跳ね上げたら素早くイトフケを取りながらロッドを4時まで寝かせ、ゆっくり12時までサオを立てながら餌木を水平にするイメージで引っ張ります。ボディーの腹全体で水の抵抗を受けさせるとフォールがスローになって長く誘うことができます。

エサを求めて夜に中層を回遊してくるアオリイカは警戒心も薄いのでアタリは明確です。ヒットしたらロッドを立てないよう手前に寄せて素早くランディングしましょう。サーフならば寄せ波のタイミングで一気にズリ上げるのが正解です。

堤防アラカルト・手軽な釣りほど差が出やすい

堤防で気軽に楽しめて、それでいてゲーム性の深い釣りが「チョイ投げ」「サビキ釣り」「ノベウキ」です。これらのスタイルには釣りの基本が凝縮されているので、本気で釣りを始めたいと考えている方におすすめ。意外にマニアックなので熱くなること請け合いです。

チョイ投げ　潮の流れと地形変化を読んで

ビギナーでも楽しめる手軽さが人気のチョイ投げ。本格的な投げ釣りタックルではなく、ライトソルトやエギングのタックルを流用した投げ釣りです。軽い仕掛けを使うので体力的な負担もありません。主役はキス。春の花粉の季節が終わる頃から本格的に釣れ始め、堤防からでも軽快なアタリが味わえます。ほかにも季節ごとにカワハギやギマなどターゲットは多く、アイデア次第で釣り場を選ばず一年を通して楽しめます。

仕掛けは手返しを重視して2本バリ仕掛けを推奨します。市販仕掛けを購入する場合、スプールに巻かれた50本連結仕掛けなら大幅に節約できます。台紙に巻かれた仕掛けと違って幹イトにクセも付いていないのでトラブルも少なくおすすめです。エサはジャリメとアオイソメ、チロリの3種類。チロリは高価ですがキスの特効エサなので、店頭で見かけたら少し

堤防からのチョイ投げに飛距離は不要。２色も投げられれば充分。20㎝を超える良型が食ってきたら、軽い仕掛けを持っていくほど強い引き込みを味わうことができる

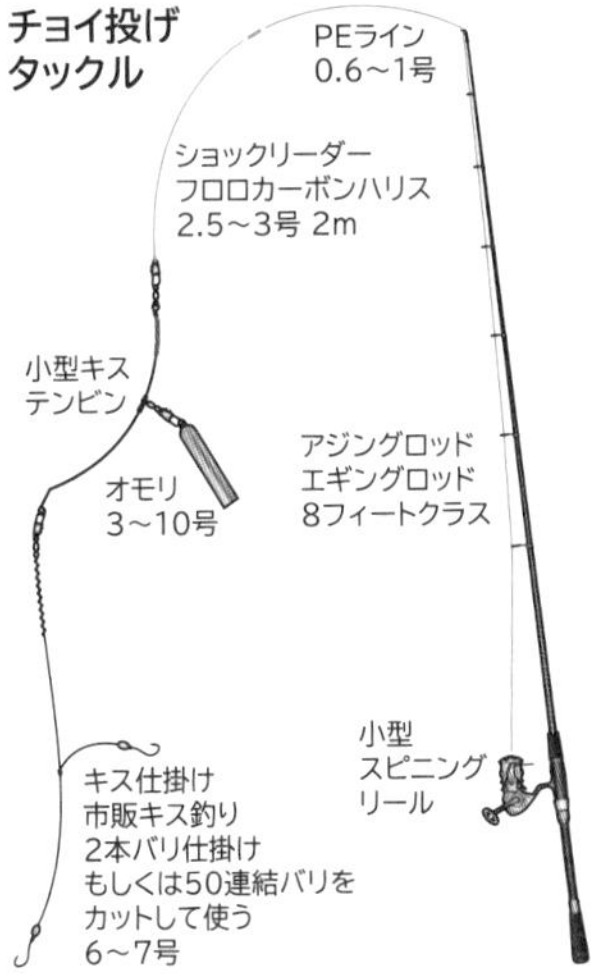

でいいので買いましょう。食わせエサの人工イソメは、続々とキスが食ってくるような状況で使うと、生きエサよりも手返しが早まり数を稼ぐことができます。イソメ類が苦手な人を連れていくときも欠かせません。また、常に仕掛けを動かして釣ることが大切です。

釣り方の秘訣は地形把握。キャストごとに着底までの秒数をカウントして大まかな地形の変化を探しましょう。たとえば河口周りなら砂が堆積した馬の背があるはずです。食い気のあるキスは、馬の背の潮下側にできる反転流周りに群れて流れてくるエサを待ち構えているので、潮上へ斜めにキャストして仕掛けを潮に乗せながら馬の背の潮下に流し込んでいきます。仕掛けを何度も通してアタリが遠のいたら、立ち位置や誘いの入れ方やエサを変えましょう。目差すはツ抜け（10尾以上）です。

サビキ釣り　手早い打ち返しが絶対条件

堤防ファミリーフィッシングの代名詞といえばサビキ釣りです。手軽なイメージが先行していますが枝バリが多いので仕掛けさばきは意外に難しく、子供を世話しながら楽しめるほど簡単ではありません。仕掛けの使い分けで釣果に差がつくマニア度の高い釣りです。

スタイルは大きく「上カゴ式」「下カゴ式」「トリック」の3スタイル。いずれの釣りも手早く打ち返して魚を寄せることが肝要です。忙しい釣りなので集中しましょう。

▼上カゴサビキ／サビキ仕掛けの上にコマセカゴをセットして、仕掛けの下にはナス型オモリを付けるスタイル。リールザオを使って深いタナまで仕掛けを下ろせるので、マヅメ時に深ダナを回遊するアジねらいに向いています。タナに仕掛けが入ってからサオを上下させてアミエビを放出させますが、仕掛けが立っているのでアミエビの沈下に合わせて少しずつ仕掛けを移動させながらアタリを待ちます。ウキを介した投げサビキ釣りが人気の関東地区では主流の仕掛けです。

▼下カゴサビキ／サビキ仕掛けの下にオモリの付いたコマセカゴをセットするスタイルです。浅ダナ向きの仕掛けなので、海面近くをサバやイワシなどが群れているようならノベザオを使って手返し勝負を挑みましょう。仕掛けを落とすときにカゴから一気にアミエビが放出されるので瞬間的な集魚力は断トツです。最初の数秒で掛からなければ、すぐにピックアップ

トリックサビキは手返しが早く、それでいて仕掛けがシンプルでトラブルが少ない。オモリをガン玉くらいまで軽くすると潮に馴染むので 30㎝近いメジナやクロダイも食ってくる

トリックサビキタックル

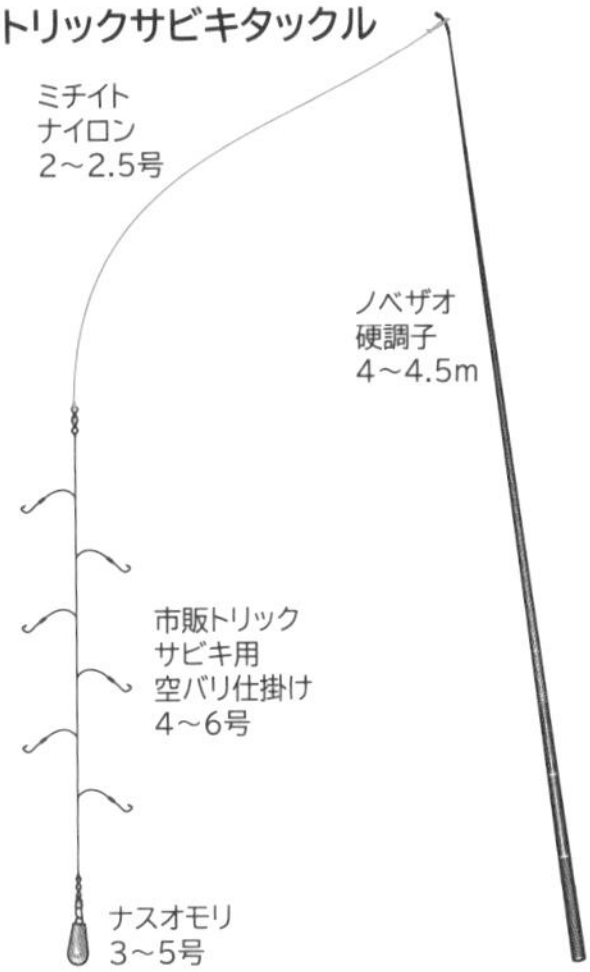

してコマセカゴにアミエビを詰めて再投入しましょう。

▼トリックサビキ／魚皮を巻いていない素の枝バリ仕掛けの下にナスオモリをセットした、コマセカゴを使わないシンプルなスタイルです。枝バリにアミエビを擦りつけて投入します。ハリから落ちるアミエビが寄せエサになるので、ハリからアミエビが落ち切ったら、すぐに回収して打ち返します。下カゴ式と同様にノベザオで手返しよくすると数が釣れます。ねらうタナまで静かに下ろしたら、仕掛けを動かさずアタリを待つことが肝心です。ハリに本物のアミエビが付いているので、メジナやウミタナゴといったゲストフィッシュが掛かることも魅力です。リールザオに太仕掛けを用いて、掛かった魚をそのまま沈めてヒラメやハマチをねらうタテ釣りも人気です。

ノベウキ　ウキフカセ釣りのライト版

寄せエサを駆使してエサ取りをかわし、メジナやクロダイを攻略する磯のウキフカセ釣りは実に奥深い釣りですが、日ごろライトタックルでアジを釣ったり、チョイ投げを楽しんでいるライト層には敷居が高いジャンルです。ところがゲーム性を全く変えることなく、堤防ならノベザオで手軽に遊べます。ねらうのは25㎝前後のメジナやサンバソウ、ショゴ、アジなどです。駿河湾など黒潮の恩恵を受ける湾内なら、堤防で一年を通して楽しめます。サオはサビキ釣りに用いる安価なものでも充分通用します。普段なかなか体験できない鋭い引き味がノベザオで味わえるので、病みつきになること請け合いです。

ウキは高感度の小型トウガラシウキを使います。玉ウキでもできなくはないですが、やはり勢いよく消し込む瞬間がノベウキのクライマックスなので、ウキにはこだわりたいところです。そしてノベウキには寄せエサが欠かせません。寄せエサは３㎏の生オキアミにメジナ用の配合エサを1袋混ぜる程度で大丈夫です。長く楽しみたい場合はパン粉を加えて増量しましょう。ノベザオで振り込める範囲に寄せエサが届けばよいので、しっかり練り込む必要はありません。付けエサは寄せエサに混ぜる前の生オキアミを少しカットしておきましょう。まだエサ取りのかわし方が分からない人にはエサ持ちのよいジャリメもおすすめです。

釣り方の手順はウキフカセ釣りと同じです。ヒシャクで寄せエサを数回打ち込んで海中の

駿河湾はノベウキの好スポットが目白押し。黒潮の分岐流が差し込むので厳寒期でもノベウキが楽しめる。梅雨期ならば清水港では磯と変わらない25～35㎝のメジナが数釣れる

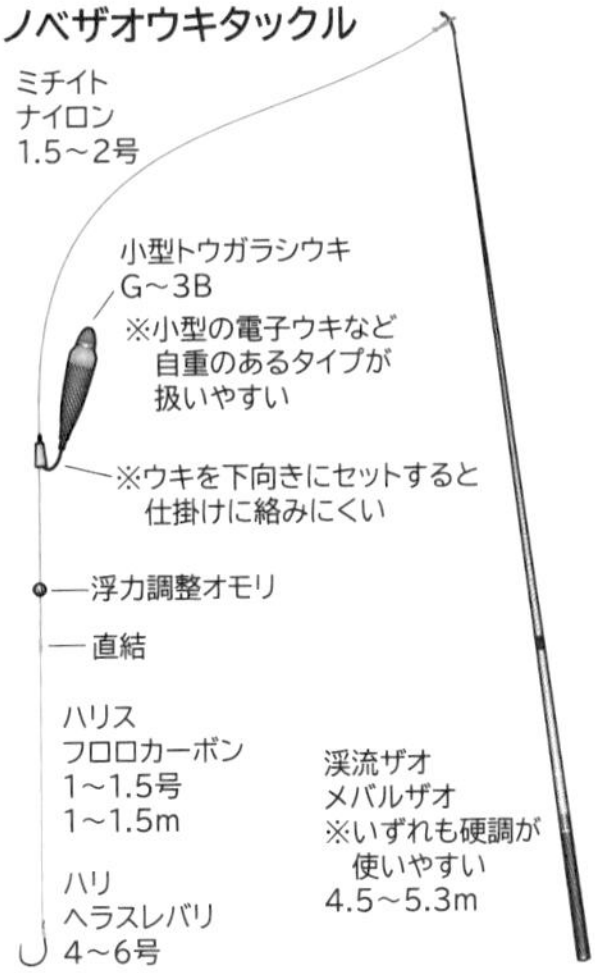

ようすをうかがいます。メジナの活性が高ければ海面近くまで寄せエサを食いに下から湧き上がってくるので、仕掛けを投入して付けエサを寄せエサと同調させると、ウキが勢いよく消し込みます。メジナが見えているならウキ下は1mほどで始めましょう。海面近くまでメジナが浮いてこなければ、ウキ下を2mほどからスタートして、付けエサが取られるまで少しずつ深くしていきます。水温が上昇してくるとフグやヒイラギが寄せエサに群がるようになります。下でメジナが寄せエサを拾い食いしていれば、寄せエサや仕掛けを入れる位置、タイミングをズラしてエサ取りをかわします。かわし方の試行錯誤も楽しいところです。やっていることは磯のウキフカセ釣りと何ら変わりません。普通にかわせるようになったら、磯釣りデビューも一興です。

おわりに　釣りは9割の集合体

釣りはハリが9割。本書のタイトルどおり、魚と唯一の接点であるハリは極めて重要な役割を果たしています。本書をきっかけに確信をもってハリを選び使いこなせるようになれば釣果率はアップするはず。そしてハリを起点に無限の広がりと奥行きも見えてきます。

ハリ、イト、オモリ、ウキ、それらをつなぐ接続具と結び、仕掛けを操作し魚とやり取りするサオ、リール。これらのタックルは、正しく選択されなければなりません。一部だけ繊細だったり強かったりではバランスを欠き、性能を発揮できないことは明らかです。選択を間違えると仕掛けが馴染まなかったり、打ち返しの効率が低下して釣果率も低下します。タックルの性能を引き出すセッティング術を身につけるには知識が求められます。何を釣りたいのか、何が釣れているかを知ることから始めましょう。釣れれば何でもいいやと適当にタックルを選んだ人と、魚の種類や型を把握してタックルを合わせて臨む人とでは、たとえサビキ釣りでも釣果には大きな差がつきます。すべてにおいて解像度を上げていけば結ぶべきハリも決まります。釣りたい魚を決めたらシーズナルパターンを調べて釣行のタイミングを考えましょう。名手のような卓越した技術を修得する前にできることはたくさんあります。

そして釣るための手間を惜しまないこと。相手は生き物、たとえサビキ釣りでも朝から晩まで釣れ続くことは希です。しかし、釣れないからと打ち返しが減ればエサの交換もおろそかになり、一旦悪循環に入ると立て直しは困難。釣れないときこそ手を緩めず、好循環に引き込む努力をすべきです。帰宅したら当日の釣りを振り返りタイドグラフに情報を書き込む。日々のデータの積み重ねが釣りの再現性を上げることにつながり、より多くのチャンスに恵まれるようになります。

すべては連動しています。釣りの9割はハリであり他の道具であり、釣り人の日々の努力と、そして臨機応変な引き出し。つまり、釣りは9割の集合体なのです。

道具を知れば偶然も必然に変わる

本書編集の最中に、静岡県清水港でサオをだしていた釣り歴2年の友人から年無しクロダイをキャッチしたというめでたい連絡が入りました。その場で撮った立派なクロダイの写真を見ると、唇の薄い皮にハリが掛かっていました。ノベザオのウキ釣りで細いラインを使っていたそうです。「唇に掛かったから取れたけど、奥に飲まれていたら切られていたかも！」と喜んでいました。ハリを見るとハリ先角度の小さい長軸のチヌバリを使っていました。つまり唇掛かりは偶然ではなく必然だったわけです。

ハリ先角度と軸の長さが変われば魚の掛かりどころも変わります。今一度振り返ると、ハリ先の向く方向がタタキに近づいてハリ先の角度が小さくなるほど、口内でハリ先が立ちづらくなって唇周りに掛かりやすくなります。一方でハリ先角度が大きなハリは外向きに開いているので、口先まで滑ることなくハリ先が口内に引っ掛かって食い込みます。

ビギナーの友人は深く考えることなく適当な環付きチヌバリを買い、それが偶然にもハリ先角度の小さい長軸のハリだったので運よく唇に掛かって価値ある1尾を手にすることができました。ハリ先角度の大きなハリで口内に掛けていたらハリスを切られていたかもしれません。そして、ハリス切れの原因がハリの形状にあることに気付かないまま、「掛かりどころが悪かった」と残念がりながらも同じ過ちを繰り返すことでしょう。これがターゲットの特徴やタックル全体のバランスを考慮してハリを選べるようになれば、偶然だった1尾が必然の1尾に変わるわけです。そのとき、釣りの質が根本から変わります。

覚えたタイミングの数だけチャンスあり

釣り道具は日進月歩、そんなタックルの性能を引き出すためにも知識を深めて技術を磨くことが肝心です。とりわけ結びのマスターは必須です。ラインをゆっくり慎重に締め込むだけでも結束強度の低下を抑えられます。またその際に結び目を濡らしておく気遣いも欠かせません。滑りが悪く摩擦熱が発生して縮れたラインは、強度が低下していることは一目瞭然です。決してそのまま使ってはいけません。納得がいかなければ何度でも結び直せばよいのです。それぞれの結びで発揮する強度は異なりますが、いずれも最大値に近づけられるように自宅でも練習しましょう。釣り人生で二度と出会えないかもしれない大ものをバラさないためにも！

また本書では、タイミングという単語を繰り返し使っています。エキスパートの言うタイミングが何を意味するか、伝わったことと思います。タイミングが悪かったといえば一般には潮や天気に恵まれなかったことくらいですが、エキスパートが口にするタイミングは魚が釣れるチャンスを意味しており、それは知識量と踏んできた場数に比例します。

タイミングの引き出しを増やすために、自然のわずかな変化を感じ取れる感覚を養いましょう。風一つに注目しても向きや強さ温度の変化はもちろん、湿度も大事な情報です。急に湿気を伴う温い風が吹き始めたり、魚にスイッチが入るチャンスをエキスパートは逃しません。そんな状況の変化を感じ取れる情報源として、使えるものは何でも活用します。たとえばエギングでは、ピックアップした餌木をこまめに握って潮の温度が変化していないかを確認します。特に冬は水温変動が明暗を分けることが多く、わずかな温度の違いを感じ取れるようになるだけでも、ゲームの組み立てを変えることができるようになります。

四季折々に通用する引き出しを多く持つことで、中級・上級者の仲間入りの扉が開きます。エキスパートへの道のりは平坦ではありませんが、「すべてに9割を追求していけば」、自ずと道は開けていきます。確信をもって邁進しましょう。

◎参考文献

『釣りエサ（ルアー・エギ・毛バリ・生エサ）のひみつ』（長岡　寛）

『釣りバリ（歴史・種類・素材・技術）のひみつ』（つり人社書籍編集部　編）

◎協力

ルアーショップおおの／渡辺香佐

Rattytwister ／高井主馬

釣《つ》りはハリが9割《わり》

2023 年 4 月 1 日発行

編　者　つり人社書籍編集部

発行者　山根和明

発行所　株式会社つり人社

〒101 － 8408　東京都千代田区神田神保町 1 － 30 － 13

TEL 03 － 3294 － 0781（営業部）

TEL 03 － 3294 － 0766（編集部）

印刷・製本　図書印刷株式会社

乱丁、落丁などありましたらお取り替えいたします。

ISBN978-4-86447-710-9 C2075

つり人社ホームページ　https://tsuribito.co.jp/

つり人オンライン https://web.tsuribito.co.jp/

釣り人道具店　http://tsuribito-dougu.com/

つり人チャンネル (You Tube)　https://www.youtube.com/channel/UCOsyeHNb_Y2VOHqEiV-6dGQ